Hans Jellouschek

Achtsamkeit in der Partnerschaft

Das Buch

Achtsam sein, wirklich achtsam bei mir und bei meinem Partner sein. Das ist in einer Partnerschaft das Wichtigste überhaupt. Dies gibt jeder Partnerschaft Tiefe und hält sie lebendig. Achtsamkeit in der Partnerschaft gilt es zu üben und zu pflegen. Das bedeutet auch, dass wir bei uns sind und beim andern, ohne uns oder den andern zu bewerten. Es sind vor allem Unachtsamkeit, Unaufmerksamkeit und Ablenkung, die eine Partnerschaft auf Dauer unterhöhlen und zerstören. Achtsamkeit zu üben, so sagt Hans Jellouschek, bedeutet, wieder im Fluss des gemeinsamen Lebens anzukommen. Er hat diese Erfahrung für das partnerschaftliche Zusammenleben nutzbar gemacht. Mit vielen praktischen Beispielen aus der Beratungspraxis und anhand zahlreicher Übungsanleitungen zeigt er dem Leser, wie diese Kunst einzuüben und zu pflegen ist. Ein völlig neuer Zugang, der in die tiefere Dimension der Beziehung führt.

Der Autor

Dr. theol. Lic. phil. Hans Jellouschek, Jahrgang 1939, ist Eheberater, Psychotherapeut und Lehrtherapeut für Transaktionsanalyse. Psychotherapeutische Praxis mit dem Schwerpunkt Paartherapie in der Nähe von Stuttgart. Langjährige Erfahrung in der Fort- und Weiterbildung von Therapeuten und Eheberatern.

Hans Jellouschek

Achtsamkeit in der Partnerschaft

Was dem Zusammenleben Tiefe gibt

HERDER

FREIBURG · BASEL · WIEN

HERDER spektrum Band 6654

Taschenbuchausgabe von »Achtsamkeit in der Partnerschaft«

www.kreuz-verlag.de

www.herder.de

Umschlaggestaltung: Designbüro Gestaltungssaal
Umschlagmotiv: © photo Alto/All mauritius images Authentic

Satz: de·te·pe, Aalen
Herstellung: GGP Media GmbH, Pößneck

ISBN 978-3-451-06654-2

Inhalt

Vorwort

In den letzten Jahren beschäftigt mich bei meiner Arbeit als Paartherapeut immer wieder die Beobachtung, dass das meiste, womit Partner sich verletzen, nicht aus bösem Willen, oft auch nicht aus Mangel an Zuneigung geschieht, sondern einfach aus Unachtsamkeit. Man denkt nicht dran, man wird von der Situation überrumpelt und von irgendwelchen Impulsen gesteuert, über die man sich selbst keine Rechenschaft gibt – und schon ist es passiert: Der Partner ist getroffen, schlägt zurück oder verschließt sich gekränkt ... Sicher steckt hinter solchen Unachtsamkeiten oft das, was wir »tiefere Probleme« nennen, die mit der Geschichte des Paares und auch mit der Geschichte der Partner zu tun haben. Aber zunächst geht es einfach um Unachtsamkeit. Würde ich in dem Augenblick des Zusammentreffens »bei mir sein«, wäre ich wirklich »da« im jetzigen Augenblick, und nicht mit meiner Aufmerksamkeit irgendwo anders, würde es wahrscheinlich nicht »passieren«. Es geht also schlicht um – *Achtsamkeit*!

Aber das sagt sicher leichter, als es getan ist. Und darum habe ich dieses Buch geschrieben: *Wie gewinne ich, wie erhalte ich dem Partner, der Partnerin gegenüber solche Achtsamkeit?* Die Idee dazu ist in Kursen entstanden, die ich seit mehreren Jahren am Benediktushof in Holzkirchen* gebe und an denen wohl schon mehrere hundert Paare teilgenommen haben. Ihnen danke ich dafür, dass Sie mir durch ihr Interesse und ihre Offenheit im Austausch gezeigt haben, was für sie an diesem Thema wichtig ist. Meine Leserinnen und Leser finden in diesem Buch einen Nachhall davon vor allem in den ganz praktischen Achtsamkeitsübungen, zu denen ich hier auch anrege. Die meisten von diesen habe ich in den genannten Seminaren mit den Teilnehmern/-innen durchgeführt. Meine Ausführungen in geschriebener Form sollen nicht nur das Verstehen unterstützen, sondern auch zum praktischen Tun anleiten!

Danken will ich auch meiner Frau Bettina: Wir haben miteinander häufig über die Achtsamkeit in unserer eigenen Beziehung und auch über unsere Erfahrungen damit in unseren Paartherapien diskutiert, und daraus habe ich ebenfalls viele wichtige Anregungen für dieses Buch gewonnen. Und schließlich danke ich auch dem Lektor des Herder-Verlages, Peter Raab, dass er mich immer wieder ermutigt hat, dieses Thema anzugehen, was ich nötig hatte, weil ich lange Zeit dazu recht unentschlossen war.

Im Laufe der Arbeit an diesem Buch ist in mir selber die Überzeugung gewachsen, dass »die Übung der Achtsamkeit« für die Qualität von Paarbeziehungen, besonders auch langjährigen, ein Potential enthält, das wir bisher in unserem Zusammenleben noch nicht annähernd ausgeschöpft haben. Es würde mich sehr freuen, wenn meine Leserinnen und Leser dies durch die Lektüre dieses Buches an sich erfahren!

Ammerbuch-Entringen,
im Januar 2011 — Hans Jellouschek

* Benediktushof. Zentrum für spirituelle Wege
Klosterstraße 10, 97292 Holzkirchen/Unterfranken
info@benediktushof-holzkirchen.de
www.benediktushof-holzkirchen.de

1. Kapitel

Was versteht man unter »Achtsamkeit«?

Die Praxis der Achtsamkeit als tägliche Übung spielt in der »gegenstandslosen« Meditation des Ostens, vor allem im Zen-Buddhismus und ähnlichen Richtungen, eine zentrale Rolle. Von dort sind in den letzten Jahrzehnten Begriff und Praxis der Achtsamkeit in den Westen gekommen, seit östliche Meditationsformen auch hier in größerem Umfang praktiziert werden. Aber nicht nur in der Spiritualität spielt Achtsamkeit eine große Rolle. Inzwischen begegnet man dem Begriff auch immer häufiger im Zusammenhang mit Psychotherapie und ganz allgemein mit »Lebenskunst«. 1979 hat der amerikanische Arzt Jon Kabat Zinn in den USA eine Anti-Stress-Klinik gegründet, in der das Erlernen und Praktizieren von Achtsamkeit für gute Stress-Bewältigung als Vorgehensweise und Übung eine zentrale Rolle spielt. Bei uns in Deutschland hat vor allem die Verhaltenstherapie Achtsamkeit als einen wichtigen Bestandteil der »kognitiven Verhaltenstherapie« in ihr Repertoire integriert (vgl. Andersen-Reuster 2007). Was ist darunter zu verstehen?

Ich lasse zunächst Kabat Zinn selbst zu Wort kommen: »Achtsamkeit bedeutet, auf eine bestimmte Weise aufmerksam zu sein: bewusst im gegenwärtigen Augenblick und ohne zu urteilen … Achtsamkeit ist eine einfache und zugleich hochwirksame Methode, uns wieder in den Fluss des Lebens zu integrieren, uns wieder mit unserer Weisheit und Vitalität in Berührung zu bringen.« (2007). Oder mit den

Worten der deutschen Verhaltenstherapeutin U. Andersen Reuster in ihrem wertvollen Sammelband (2007, S. 1): »Achtsamkeit ist ein Prozess, bei dem die Aufmerksamkeit nicht-wertend auf den gegenwärtigen Augenblick gerichtet ist. Sie nimmt wahr, was ist, und nicht, was sein soll. Das heißt: Sie ist einerseits, nüchtern, real, desillusionierend, andererseits annehmend, integrierend.«

Diese Beschreibungen enthalten mehrere wichtige Elemente – und wenn wir uns im Folgenden diese bewusst machen, werfen wir dabei sogleich jeweils kurze Blicke auf unser Zusammenleben in der Partnerschaft, um einen ersten Eindruck von der Bedeutung dieser Haltung und Praxis gerade auch für die Paarbeziehung zu bekommen, dem Anliegen, dem ich mich in diesem Buch ausführlich widmen möchte.

Gegenwärtiger Augenblick – »Hier und Jetzt«

Im gegenwärtigen Augenblick »da«, im Hier und Jetzt sein: Machen wir uns bewusst, wie häufig wir mit unserer Aufmerksamkeit im Alltag – auch im Alltag der Paarbeziehung – entweder in der Zukunft sind, bei dem, was uns bevorsteht, bei Zielen, die wir haben, bei Anliegen, die wir verfolgen, bei der Angst vor dem, was auf uns zukommt … Oder – was vielleicht noch häufiger geschieht – wie wir bei dem sind, was in der Vergangenheit geschehen ist, was nicht erledigt ist, was uns mit Sorge und anderen schlechten Gefühlen erfüllt. Natürlich müssen wir auch in die Zukunft schauen, planen und Vorsorge treffen, und natürlich ist es zuweilen auch wichtig, zurückzuschauen auf das, was war, um uns zu erinnern, daraus zu lernen oder es zu verstehen, zu »integrieren«. Aber oft werden wir von unseren Gedanken und Gefühlen dahin – in die Zukunft oder in die Vergangenheit – »gezogen« und darin »festgehalten«, und werden unachtsam für das, was gerade ist und was gerade geschieht. Da sitzt ein Paar zum Beispiel am Tisch, der Mann schaufelt das Essen in sich hinein und merkt gar nicht, dass dies sein Lieblingsgericht ist, das ihm die Frau extra gekocht hat, geschweige denn, dass er es freudig oder dankbar ansprechen würde. Er ist mit seinen Gedanken noch im Geschäft, wo er etwas Ärgerliches erlebt hat, das ihn immer noch gefangen hält, sodass er das »Jetzt« – damit aber auch die Liebe seiner Frau, die sich hier zeigt – einfach übersieht. Oder seine Gedanken sind schon wieder beim morgigen Tag, wo eine schwierige Aufgabe auf ihn wartet, ein Gespräch, das unangenehm ist, ein Projekt, das ihn zu überfordern droht. Natürlich kann man dafür Verständnis haben. Dennoch, für die Paarbeziehung geht ihm damit eine kleine Chance verloren: Seiner Frau in die Augen zu schauen, nach ihrer Hand zu greifen und zu sagen: »Oh, schmeckt das gut! Wie schön, dass du gerade an diesem anstrengenden Tag an meine Lieblingsspeise gedacht hast!« Wenn er nicht im »Dort« und »Dann« wäre, sondern im Hier und Jetzt, würde er diese Chance ergreifen. So aber sitzt seine Frau daneben und ist enttäuscht … Leben im Hier und Jetzt erschließt uns den Reichtum des Lebens! Und *nur dieses Hier und Jetzt ist Realität*! Denn die Vergangenheit ist vorbei und die Zukunft ist noch gar nicht da.

Wenn wir – um ein anderes Beispiel zu wählen – miteinander in den Bergen wandern, und der eine ist immer damit beschäftigt, auf das Ziel, die Hütte, zu starren, die man da oben schon manchmal auftauchen sieht, und sich mit dem Gedanken zu quälen, dass er ihr nicht und nicht näher zu kommen scheint, obwohl sie die im Wanderführer dafür vorgesehene Zeit schon überschritten haben, und der andere denkt die ganz Zeit an das, was in der nächsten Woche zu Hause alles zu tun ist, dann leben beide nicht im Hier und Jetzt. Der eine hängt an seinem Ziel »da oben«, der andere an den Aufgaben »da vorne«, in der nächsten Woche. So berauben sich beide vollständig des Genusses, miteinander jetzt und hier die herrliche Landschaft zu erleben und sich darüber auszutauschen. Sie leben vielmehr an der Gegenwart und damit auch aneinander vorbei. Der *Reichtum des Lebens*, auch des Zusammen-Lebens erschließt sich uns – wie Kabat Zinn in seiner Definition sagt – wenn wir den gegenwärtigen Augenblick wahrnehmen!

Offenheit und Realismus

Achtsamkeit heißt aber auch: Sich nichts vormachen. *Die Dinge so nehmen, wie sie gerade sind*, sie nicht schöner, aber auch nicht schlechter machen wollen als sie sind. Machen wir uns für einen Augenblick bewusst: Wie viele Konflikte entstehen in einer Beziehung durch Erwartungen, was sein »soll« und durch Nicht-Akzeptanz dessen, was gerade ist! Zum Beispiel ist heute Abend der Bus, mit dem er nachhause fährt, im Verkehrsstau stecken geblieben. Er ist darum spät dran. Sie überfällt ihn sofort: »Nie bist du pünktlich ...!« Und schon ist der Krach da! Würde sie es zunächst einfach so nehmen, wie es ist: Er ist spät dran, so ist es! – dann würde sie zum Beispiel sogleich in den Blick bekommen, dass diese Tatsache die verschiedensten Ursachen haben kann, nicht bloß die eine, auf die sie sofort innerlich und äußerlich »abfährt« (»Er nimmt auf mich keine Rücksicht!«). Dann könnte sie ganz ruhig fragen: »Was war denn los, wie kommt es, dass du so spät dran bist?« Dann könnte der Abend trotz des Zu-Spät-Kommens noch ein schöner Abend werden!

Die Dinge zunächst einmal so nehmen, wie sie sind – darin ist auch noch ein weiteres Element enthalten: Dem, was ist, dem was sich ereignet, *mit Offenheit begegnen*. Wie viel »Sich wehren gegen ...« ist mit unserer Wahrnehmung oft verbunden – im Sinne von Christian Morgensterns treffender Formulierung: »Weil, so schließt er messerscharf, nicht sein kann, was nicht sein darf«. Damit leben wir an der Realität vorbei. Diese verändern zu wollen, kann in Ordnung oder auch notwendig sein, setzt aber voraus, dass wir zunächst einmal die Dinge so nehmen, wie sie sind, sonst beginnen wir, in einer illusionären Welt zu leben und einen Konflikt nach dem anderen zu inszenieren. Und abgesehen davon: Wenn wir immer in dem leben, was sein soll oder »eigentlich« nicht sein darf, wird unsere Energie in diese Illusionswelt abgezogen und sie fehlt uns dann, um tatsächliche konstruktive Veränderungen zu bewerkstelligen. Denken wir daran, wie oft, zum Beispiel auch in Paarbeziehungen, darüber geredet und fantasiert wird, was anders sein »sollte« oder, worunter ich »leide«, anstatt Veränderungen tatsächlich anzugehen!

Neugier

Offenheit enthält auch noch das Element der Neugier. Ich bin neugierig auf das, was sich mir als Realität zeigt. Manche sprechen von *»Forschergeist«,* und zwar gerade nicht nur dem hochinteressanten Thema gegenüber, auf das ich bei der Lektüre oder im Beruf gerade gestoßen bin, sondern Forschergeist, *Neugier auch den alltäglichen Dingen gegenüber.* Wenn ich frage: »Na, wie geht's?« – wie oft ist diese Frage eine leere Formel. Ich will es gar nicht wissen! Es wäre aber auch möglich, dass es keine bloße und nichtssagende Formel wäre, nein, ich könnte, wenn ich so frage, mich auch wirklich für dich und dein Ergehen interessieren! Ich möchte tatsächlich wissen, wie es dir heute geht und ergangen ist. Ich kaschiere mit dieser Frage nicht mein Desinteresse und ich ordne dich nicht in ein schon vorhandenes Schema (»Wahrscheinlich geht es ihr eh wieder schlecht!«) ein, nein, ich stelle mich immer wieder neu und aufmerksam auf dich ein –

und ich erfahre dabei, auch noch nach Jahren des Zusammenlebens, erstaunliche neue Dinge von dir!

Aber oft lassen meine Erwartungen gar nichts Neues mehr in mein Bewusstsein dringen. Ich bemerke zum Beispiel nicht, dass meine Frau ein neues Make-up verwendet, das sie frischer und lebendiger macht, vielmehr sehe ich sie genau so, wie sie vorher war – aufgrund meiner feststehenden Erwartung. Wieder verpasse ich eine Chance in der Beziehung! Forschergeist ist das *Gegenteil von alltäglichem Trott*, der mich gar nicht mehr merken lässt, was rund um mich passiert, und worin immer wieder neue Nuancen enthalten sind, die ich auf neue Weise nutzen oder an denen ich mich neu erfreuen könnte. Wenn wir der Realität immer wieder neu mit »Forschergeist«, mit Interesse und Neugier begegnen, entdecken wir in den alltäglichsten Dingen immer wieder erstaunlich Neues! Das macht das ganz alltägliche Leben spannend und interessant!

Wohlwollend, liebevoll

Offenheit, Realismus, die Dinge so nehmen, wie sie sind: Das legt Nüchternheit nahe. Vielleicht sogar stoischen Gleichmut? Nein, denn schon im Element »Neugier« klingt etwas anderes an, und das ist hier gemeint: Eine grundsätzlich *positive Haltung zur Realität*, so wie sie mir begegnet. In der Tradition wird Achtsamkeit immer verbunden mit dieser *positiven, akzeptierenden Haltung*. Annehmen, was ist und so wie es ist. Nicht dagegen kämpfen, nicht es anders haben wollen. So ist es, und so akzeptiere ich es – jedenfalls zunächst und als erstes. Der Mann kommt heim, bemerkt nicht, dass die Frau ihm sein Lieblingsessen gekocht hat. Sie merkt bei sich: Sie ist enttäuscht und auch ärgerlich. Sie verdrängt das nicht. Sie nimmt es durchaus deutlich wahr, sagt gleichsam zu sich selbst: »Ja, so ist es, ich bin enttäuscht«.

Und: Sie hat zunächst Verständnis für dieses *ihr* Gefühl: Kein Wunder, dass ich so enttäuscht, oder auch so wütend oder ... bin, denn ich habe mich ja angestrengt, habe an ihn gedacht, wollte ihm etwas Gutes tun!« Was sie dann von diesem Gefühl dem Mann gegenüber herauslässt, wie sie dann mit ihm umgeht – verständnisvoll, weil sie realisiert, in welch schwieriger Situation er gerade ist, oder klar konfrontierend, indem sie ihre Trauer oder ihren Ärger offen äußert, und wann sie das macht, jetzt in der Situation oder später, wenn er dann zu Hause wirklich »angekommen« ist, das kann sie dann entscheiden. Es bricht dann nicht irgendetwas aus ihr heraus, worüber sie keine Kontrolle mehr hat, und die Chance, dass die Episode nicht in einem endlosen Konflikt endet, sondern in neuem wechselseitigem Verständnis füreinander, erhöht sich damit erheblich.

Eine akzeptierende, wohlwollende Haltung dem gegenüber, was gerade in mir und um mich ist, führt zu einem *bewussteren und gelassenen Umgehen mit der Situation* – und damit sind wir bei einem weiteren wichtigen Element, das in der Achtsamkeit steckt: Sie ist eine Voraussetzung für angemessene Veränderung.

Voraussetzung für Veränderung

Wenn die Frau mit dem unachtsamen Mann in unserem Beispiel aus ihrem Frust-Gefühl heraus und ohne es deutlich wahrzunehmen, sofort reagiert und ihre Enttäuschung über ihn einfach ausschüttet, will sie einerseits, dass er sich verändert, aber andererseits macht sie damit sehr wahrscheinlich, dass Veränderung nicht geschieht. Denn es liegt sehr nahe, dass der Mann – aus der Position des Angeklagten heraus – anfängt, sich zu verteidigen: »Hatte doch so viel zu tun!« – und zum Gegenangriff übergeht: »Hast überhaupt kein Verständnis für meine Lage, die interessiert dich offenbar überhaupt nicht!« Würde sie ihr Gefühl deutlich wahrnehmen, bevor sie »automatisch« ihn angreift, könnte sie entscheiden, es auch anders zu machen: zum Beispiel eine ruhige Minute abwarten, in der er »ganz da« ist, und die Situation mit ihm noch mal aufgreifen, mit ihm besprechen und sagen, wie es ihr vorhin ergangen ist. Das wäre eine viel bessere Voraussetzung dafür, dass er *sein Verhalten ändern* und seinerseits in Zukunft mit dieser Situation achtsamer umgehen würde: Weil er sich nicht verteidigen müsste, weil er so besser verstehen und zugeben könnte, dass er sich da nicht sehr einfühlsam verhalten hat. Mit einem Wort: Auf der Basis von Akzeptanz der Dinge, so wie sie sind, statt auf der Basis von » mich oder den anderen zu etwas zwingen wollen«, ist Veränderung bedeutend leichter zu erreichen.

Deshalb wird Achtsamkeit auch immer wieder als eine Voraussetzung und Grundlage für nötige oder nützliche Veränderung angesehen: »Der verständliche Wunsch nach Heilung oder einer positiven Veränderung wirkt leider oft eher hemmend als förderlich, weil dabei der augenblickliche Zustand abgelehnt wird, ohne dass man sich seiner wirklichen Bedeutung bewusst geworden wäre ... Heilung, Veränderung und Wachstum entstehen ... durch Annehmen des sich jetzt, im Augenblick entfaltenden Lebens, wie schmerzlich oder erschreckend es sich auch darbieten mag, denn in der Realität des Augenblicks sind alle Möglichkeiten enthalten« (Kabat Zinn, 2009 S. 94/95).

Vereinfachung

Ein weiteres Element habe ich in der Literatur bisher nicht gefunden, erfahre es aber immer wieder in der eigenen Übung der Achtsamkeit: Der Druck, den ich oft bei mir verspüre, alles, was gerade auf mich einströmt, möglichst auf einmal zu erledigen, nimmt ab. Achtsamkeit hilft zur *»Kom-*

plexitätsreduzierung«. Man kann nicht achtsam sein und gleichzeitig fünf Dinge gleichzeitig tun wollen. Denn dies ist notwendigerweise damit verbunden, dass ich meine Aufmerksamkeit »streue« und damit zer-streue. Dabei kommt heraus, dass ich nichts richtig mache, auch wenn es noch so dringlich ist und alle fünf Dinge gleichzeitig an mich herandrängen und erledigt sein wollen. Wenn ich alles auf einmal erledigen will, merke ich außerdem nicht, wie es mir gerade geht, geschweige denn, dass ich merken würde, was in meinem Gegenüber gerade vorgeht, und die Gefahr ist sehr groß, dass ich sowohl über mich wie über die anderen, die mit mir zu tun haben, rücksichtslos hinweggehe.

Der Anspruch, vieles oder sogar möglichst alles gleichzeitig zu bewältigen, ist typisch für unsere Zeit. Wir nähern uns immer mehr einem »Zeitalter der Gleichzeitigkeit«: Es muss alles möglichst auf einmal und im selben Moment passieren. Die ohnehin immer mehr wachsende Komplexität des heutigen Lebens soll dazu noch auf einmal bewältigt sein. Multitasking ist »in«! Das hat oft auch für das Privatleben typische Folgen: Im Fernseher laufen die Nachrichten, gleichzeitig arbeite ich am Laptop, das Handy klingelt und ich meine, meiner Frau gerade auch noch ein paar gute Ratschläge geben zu müssen ... Was kommt dabei heraus? Was meine Aufgaben angeht, sind die Ergebnisse oft fehlerhaft, ich bin ineffektiv, und auf der Beziehungsebene verärgere ich dazu noch meine Partnerin oder auch meine Mitarbeiter und Vorgesetzten, weil ich bei meinem hastigen Tun deren momentane Situation überhaupt nicht berücksichtige und sie damit brüskiere.

Der Anspruch, die gesamte Komplexität der Wirklichkeit auf einmal zu bewältigen, führt zudem zu einer allgemeinen *Temposteigerung*, zu Hast und Hetze, und dies geht immer häufiger auch zu Lasten von Beziehungs- und Leistungsqualität: in den Betrieben, wie ich in meiner Coaching-Tätigkeit immer wieder erfahre, aber auch im Freundeskreis und in der Paarbeziehung. Ich hetze durch die Gegend und bin nie da, wo ich bin, weil ich mit meiner Aufmerksamkeit schon wieder bei der nächsten noch zu erledigenden Aufgabe bin. Achtsamkeit heißt dem gegenüber: Da wo ich gerade bin, bin ich ganz. Ich mache die Dinge, die anstehen deshalb hintereinander. Das bedeutet Ausrichtung meiner ganzen Achtsamkeit auf das eine, das ich gerade tue. Und das andere kommt danach.

Das hat in der Regel zur Folge, dass ich *mein Arbeitstempo verlangsame*. In manchen Fällen aber kann auch das Gegenteil die Folge sein: *Ich handle rasch und entschieden*. Zum Beispiel merke ich: Meiner Frau geht es gerade schlecht. Ich habe noch eine Menge zu tun. Aber das ist mir jetzt weniger wichtig. Ich stelle darum nicht irgendeine Floskel-Frage und renne dann weiter, sondern bin da – bei ihr – und befasse mich jetzt mit dem, was sie gerade braucht. Das andere soll nachher kommen. Achtsamkeit kann also auch bedeuten: Ich erkenne blitzschnell: Das – und nichts anderes – ist jetzt wichtig. Darum beschäftige ich mich nicht mehr zur gleichen Zeit mit tausend anderen Dingen, sondern *packe sofort zu*, und dann bin ich frei für das nächste.

Dies kann auch manchmal *klare Stellungnahme* und *klare Abgrenzung* nötig machen: In unserem kurzen Beispiel der unerledigten Arbeit gegenüber: Die soll jetzt warten, kommt nachher dran! Oder auch Menschen gegenüber, zum Beispiel ein »Moment, bitte!« und »Jetzt nicht, sondern später«. Das heißt aber zugleich: Durch Achtsamkeit gewinne ich auch *Freiheit*: Was ist jetzt für mich wirklich dran, wofür entscheide ich mich, statt einem Druck von außen zu gehorchen!

Darin erfahre ich häufig nicht nur eine *Steigerung der Qualität meiner Arbeit*, sondern auch meiner eigenen *Lebensqualität*. Das Leben wird insgesamt ruhiger, klarer und intensiver. Schon Kleinigkeiten, die wir sonst gar nicht bemerken, weil wir darüber hinweggehen, können dadurch beglückend werden, zum Beispiel wenn ich das Essen nicht hinunterschlinge, sondern erst den einen Bissen Fleisch wirklich kaue und den Geschmack auf der Zunge spüre, dann die Beilage in den Mund nehme und wieder deren Geschmack spüre und schließlich einen Schluck Wein nachtrinke und spüre, wie dieser sich über meine Zunge ausbreitet und seinen wunderbaren Geschmack entfaltet ... Oder wenn ich nicht davonstürze und bereits bei den Aufgaben bin, die es im Büro zu erledigen gilt, sondern mir einen Augenblick Zeit nehme, meiner Partnerin beim Abschied in die Augen zu schauen, ihren Blick in mich aufnehme und mich bei der Umarmung ihren Körper an meinem spüren lasse. Eine wunderbare kleine und tiefe Begegnung mitten im Alltag kann das sein, die mich (und sie) beglückt und mich ganz anders an die Arbeit gehen lässt, als wenn ich einfach mit einer Floskel auf den Lippen davonrenne.

Mit dem bisher Gesagten, gerade auch mit dem letzten Punkt, ist wohl deutlich geworden, dass Achtsamkeit keineswegs etwas Hoch-Spirituelles darstellt, geschweige denn etwas ausgefallen Esoterisches. Auch handelt es sich dabei keineswegs »nur« um eine therapeutische Methode. Vor allem und ganz allgemein gesprochen handelt es sich auch um ein Stück *Lebenskunst*. Wir schöpfen den Reichtum des Lebens nur aus durch Achtsamkeit im Umgang damit. Allerdings: Diese Kunst beherrschen wir nicht einfach. Sicher gibt es manche Lebenssituationen, die uns so intensiv betreffen, dass wir mit einem Mal achtsam ganz und gar »dabei« sind: Verliebtheit ist eine solche Situation, oder auch der Tod eines nahe stehenden Menschen. Sicher können wir Achtsamkeit zeitweilig an Kindern beobachten, wenn sie zum Beispiel ganz und gar im Spiel versunken sind oder fasziniert Tiere beobachten. Aber diese Kunst im Alltag zu beherrschen, das verlernen die meisten im Laufe ihrer Entwicklung zum Erwachsenen. In den Anforderungen des Alltags geht sie mit Sicherheit unter – außer wir üben sie, nicht nur einmal, nicht nur ein für allemal, sondern wenn wir dies täglich immer wieder tun: *Achtsamkeit als tägliche Übung!*

Auch für die Qualität der Paarbeziehung – wie aus meinen knappen Andeutungen wohl schon deutlich geworden ist – spielt Achtsamkeit eine zentrale Rolle. Wie aber übt man Achtsamkeit im Alltag mit dem Partner? Dies möchte ich in den folgenden Kapiteln Schritt für Schritt entfalten. Auch werde ich im Anschluss an jedes Kapitel Übungen vorschlagen, die ich in meinen Kursen zu diesem Thema erprobt habe und die man für sich und/oder zusammen mit dem Partner durchführen kann, um das Gesagte Realität werden zu lassen. Die erste solcher Übungen, eine Art Grundlagen-Übung, folgt nun hier:

Achtsamkeitsübung

Die erste von mir vorgeschlagene Übung hat noch nicht unmittelbar mit der Beziehung zu tun, ist aber als Grundlage für alle weiteren nützlich. Wir reagieren im Alltag in vielen Situationen gewohnheitsmäßig und oft mehr oder weniger »automatisch«. Dies ist als Routine, über die ich nicht eigens nachdenken muss, für die Alltagsbewältigung auch ganz nützlich, ja zum Teil auch notwendig. Aber dieses »automatische« Agieren und Reagieren kann sehr schädlich sein, vor allem in Beziehungen: Wie oft rutscht uns ein Wort über die Lippen, das wir im Nachhinein lieber nicht gesagt hätten! Wie oft vergessen wir etwas, das unserem Partner wichtig ist, weil wir mit allem Möglichen beschäftigt, aber nicht im gegenwärtigen Augenblick sind! Die Achtsamkeitsübung, zu der ich hier anleite, ist eine Übung für den Einzelnen und wird in verschiedenen Formen als Grund-Übung auch in der Spiritualität und neuerdings auch in der Therapie durchgeführt und sie ist zudem ein wichtiger Teil dessen, was wir »Lebenskunst«

genannt haben. Sie lässt sich überall und nahezu in jeder Situation durchführen. Anfangs ist es allerdings leichter, sich dafür am Tag bewusst eine kurze Zeit zu nehmen:

1. *Ich wähle zunächst eine Haltung, die ich weder anstrengend finde, noch in der ich sofort wegdöse, sondern hellwach sein kann, also Sitzen, Liegen, Stehen oder auch entspanntes Gehen.*
2. *Ich richte meine Aufmerksamkeit auf meinen Atem. Der Atem geht ganz von selber, ich ändere ihn nicht bewusst, ich begleite ihn nur, wie er ausströmt und einströmt. Wenn sich meine Gedanken davon lösen und anderswohin wandern, hole ich sie behutsam zurück und gehe wieder mit dem Rhythmus des Atems.*
3. *Dann beginne ich, meinen Körper wahrzunehmen, ich suche im Rhythmus des Atems gleichsam meine Körperteile auf: meine Füße wie sie den Boden berühren, mein Gewicht auf der Sitzfläche (wenn ich sitze), meine Schultern, meine Arme, nehme wahr, wo sie sich befinden, wie und wo sie zum Beispiel aufliegen, meinen Hals und meinen Kopf. Ich nehme nur wahr, werde mir so meines ganzen Körpers bewusst, spüre körperliches Wohlgefühl, oder auch Stellen, wo ich verspannt bin oder wo es weh tut. Ich brauche nichts zu ändern, ich nehme mich nur wahr – in meinem Körper im Hier und Jetzt. Nichts verändern wollen, nur wahrnehmen!*
4. *Immer wieder werden sich meine Gedanken anderswo hin bewegen, Gefühle werden aufsteigen, Erinnerungen, was gestern war und Fantasien darüber, was gleich nachher sein wird. Wenn ich das merke, löse ich mich davon, gehe wieder zum Atem zurück und an die Stelle des Körpers, bei der ich zuletzt verweilt habe.*

Das Ganze kann nur wenige Minuten oder sogar nur Augenblicke dauern, aber wenn ich es tue, zum Beispiel wenn ich im Bus zur Arbeit fahre oder wenn ich am Computer sitze, ihn gerade eingeschaltet habe und darauf warte, dass er hochgefahren ist, habe ich das Gefühl: Ich bin aus der Hetze, aus der Anspannung heraus, bin bei mir, habe mich gleichsam »in Besitz« genommen. Auch beim Heimfahren von der Arbeit oder bevor mein Partner nachhause kommt, kann dies – auch im Blick auf die Partnerschaft – eine sehr nützliche Übung sein. Wenn ich ganz bei mir bin, hilft das nämlich, dann auch in der Begegnung mit dem Partner ganz anders »da« zu sein. Wenn ich dagegen noch von allen möglichen Gedanken, Gefühlen und Impulsen, die nichts mit dem Hier und Jetzt und nichts mit dem anderen zu tun haben, besetzt bin, werde ich ihm auch nicht wirklich be-gegnen.

Nötig ist allerdings, dass dieses »Kontakt zu mir selber aufnehmen« – auf die Art und Weise, die ich am besten für mich herausgefunden habe – eine tägliche Übung wird und vielleicht sogar eine, die ich mehrmals am Tag durchführe, denn wir »können« es nicht ein für allemal. Die Unachtsamkeit, das heißt, dass wir mit Gedanken, Gefühlen und Impulsen anderswo sind, als im Hier und Jetzt, holt uns sonst immer wieder ein.

2. Kapitel

»Zwischen Reiz und Reaktion liegt die Freiheit«

Die Überschrift zu diesem Kapitel folgt einer Formulierung des Begründers der Logotherapie, Viktor Frankl. Diese seine Einsicht, die darin zum Ausdruck kommt, wird uns im Folgenden begleiten. Was ist damit gemeint? In unseren Reaktionen auf unseren Partner sind wir sehr oft nicht wirklich frei. Das heißt: Wir handeln nicht aus bewusstem Entschluss. Vielmehr »überkommt« uns eine Reaktion. Ich führe ein kleines Beispiel an, das wir in den folgenden Kapiteln immer wieder und immer genauer betrachten wollen. Es handelt sich um einen kurzen, sozusagen einen »Mini«-Dialog zwischen zwei Partnern. Bevor ich damit beginne, aber noch eine wichtige Anmerkung: Um der Einfachheit und Überschaubarkeit willen schaue ich hier hauptsächlich nur *einen* Teil des Partner-Dialogs an, nämlich den Anteil der Frau, nicht auch schon den ihres Partners. Dabei klammere ich keineswegs aus, dass es auch in diesem Dialog, wie in jedem anderen, eine Wechselwirkung und eine gegenseitige Beeinflussung von Aussage und Erwiderung gibt.

Eine Alltags-Situation

Doris und Frank wollen heute Abend noch ausgehen. Weil beruflich noch so viel zu tun war, haben sich beide verspätet und sind nun etwas in Hektik geraten, sie wollen ja rechtzeitig bei ihrer Veranstaltung sein. Da sagt er zu ihr: »Doris, wo sind denn meine schwarzen Schuhe? Hast du die irgendwo gesehen?« (»Reiz«). Darauf ihre sofortige Antwort: »Bin ich deine Mutter? Schau gefälligst selber nach deinen Sachen!« (»Reaktion«).

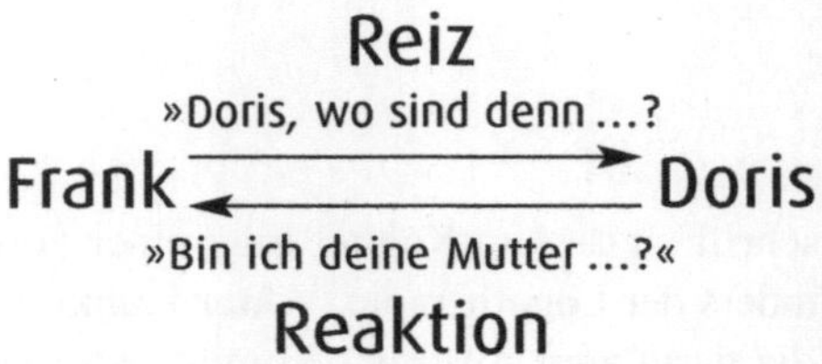

Abb.1: »Reiz« und »Reaktion«

Man kann sich sehr gut vorstellen, wie es nach dieser »Anfangstransaktion« weitergehen wird: dass Frank beispielsweise sauer wird, zurückschimpft oder beleidigt verstummt, und wie der Abend, auf den sich beide gefreut haben, davon möglicherweise sehr überschattet oder sogar gründlich verdorben sein wird.

Was passiert hier?

Die ärgerlich-anklagende »Reaktion« von Doris auf den »Reiz« von Frank erfolgt blitzschnell. Dennoch liegt sehr viel mehr zwischen beidem, als wir im ersten Moment wahrnehmen und als auch Doris und Frank in diesem Moment wahrnehmen (vgl. dazu Schneider 1997). Franks Frage löst vor der äußeren Reaktion von Doris in ihr zunächst eine Reihe von »inneren Reaktionen« aus: *Körperliche Empfindungen* (z.B. das Blut schießt ihr ins Gesicht), ungute *Gefühle* (z.B. Abwehr, Ärger: »Schon wieder soll ich für ihn sorgen!« oder »Jetzt missbraucht er mich schon wieder als fürsorgliche Mutter!«), weiter vielerlei *Gedanken* (z.B. Erinnerungen an Situationen, in denen sie tatsächlich »Mutter« für ihn gespielt hat) und *Fantasien* (z.B. wie es in Zukunft immer so weitergehen wird, wenn sie damit nicht endgültig aufhört) und darum hat sie schließlich auch noch den *Handlungsimpuls,* solche Zumutungen ein für allemal »abzustellen«. All dies sind immer noch *innere* Reaktionen, denen jetzt erst – als Konsequenz von all dem – ihre *»äußere Reaktion«* folgt, nämlich die harsche Zurückweisung seines Ansinnens. Unser einfaches Reiz-Reaktions-Schema von eben stellt sich also – schon wenn wir es nur einseitig von Doris auf Frank hin sehen – bedeutend komplizierter dar:

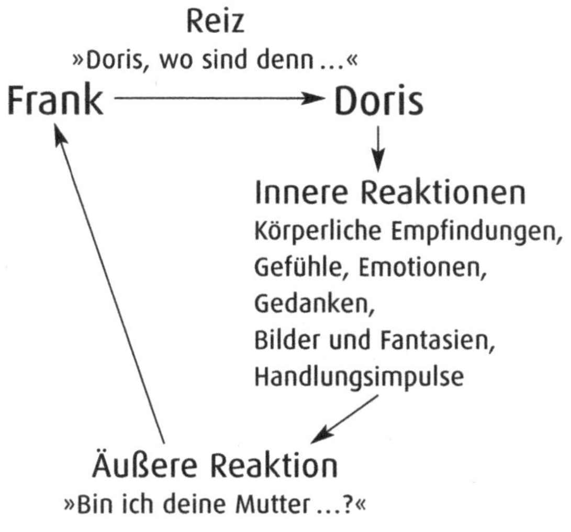

Abb. 2: Reiz, innere und äußere Reaktion

Achtsamkeit

Achtsam mit dieser Situation umgehen – was würde das heißen? Wenn wir wieder (aus Gründen der Übersichtlichkeit) nur auf Doris schauen: Achtsam damit umgehen würde heißen: *Dass Doris, bevor sie ärgerlich reagiert, wahrnimmt, was in ihr vorgeht in dem Moment*, da Frank seine Frage stellt. Vielleicht erscheint dies unrealistisch und vielleicht würde sie das in diesem Moment überfordern. Vielleicht braucht es zunächst eine ruhige Minute danach, in der sie nach dem Vorfall zurückschaut auf das, was da abgelaufen ist, um sich darüber bewusst zu werden, was da vor sich gegangen ist. Wenn sie Achtsamkeit üben will, kommt es auf jeden Fall darauf an, dass sie sich klar darüber wird, was solche und ähnliche Fragen von Frank bei ihr innerlich auslösen. Wenn sie das ein paar mal geübt hat, kann sie vielleicht auch in der Situation selbst für einen kurzen Moment innehalten und *wahrnehmen, welche Empfindungen, Gefühle, Gedanken, Fantasien und Handlungsimpulse gerade in ihr hochsteigen*.

Dies ist entscheidend! *Denn damit hat sie nun eine Wahl*: Wie will ich jetzt tatsächlich reagieren? Lasse ich meinen Ärger heraus? (»Deine Frage ärgert mich! Sorg doch bitte selber für deine Sachen!«) Oder gebe ich einfach eine »sachliche Antwort« (»Nein, weiß ich nicht« oder »Unten im Schuhschrank habe ich sie zuletzt gesehen!«), oder gebe ich dem Ganzen eine humorvolle Note (»Ja natürlich, Mama weiß doch alles!«) oder »überhöre« ich ganz bewusst die Frage und reagiere gar nicht, damit der geplante Abend nicht konflikt-überschattet wird. Damit soll keine der Antworten, die hier als Beispiele aufgeführt werden, in ihrer Qualität beurteilt werden, es geht nur darum zu zeigen: *Ich habe mehrere Möglichkeiten!* Ich habe eine Wahl! Doris »muss« nicht so antworten, wie sie es in unserem Beispiel tut. Voraussetzung ist allerdings, dass sie darauf zu achten beginnt, was

»zwischen Reiz und Reaktion« liegt, und in diesem Sinn bewahrheitet sich das Wort Frankls: Zwischen dem Stimulus, der auf mich einwirkt, und meiner äußeren Reaktion in Worten oder Handlungen, die normalerweise wie automatisch erfolgt, wird durch solche Achtsamkeit eine Lücke geschaltet. »In dieser Lücke zwischen Reiz und Reaktion werden uns Freiheitsgrade eröffnet. Eingefahrene Reaktionsmuster werden aufgelockert, wir werden regelrecht dekonditioniert. Wir sind dann nicht mehr jene Reiz-Reaktions-Roboter, die willfährigen Geschehnissen ausgeliefert sind. Stattdessen können wir als bewusste Wesen mit einem großen Spektrum an Erfahrungen und Möglichkeiten auf jeweilige Situationen angemessen reagieren.« (Fuss 2008, S. 29)

Indem wir Achtsamkeit üben, gehen wir also *zu uns selber gewissermaßen in eine Distanz*, kommen in eine Art »*Beobachterposition*« zu dem, was um uns und in uns gerade geschieht. Wir bekommen einen Abstand zum Geschehen. Gerade dies gibt uns aber die Wahlmöglichkeit: So will ich jetzt reagieren – und so nicht. Wir lösen damit unser Verhalten aus Gewohnheit und Automatismus und machen es steuerbar: »Wer das, was an Gedanken, Gefühlen oder Handlungsimpulsen in sich selbst aktiviert ist, gleichzeitig beobachten und reflektieren kann, hat bessere Chancen, sich davon zu lösen« (Fuss 2008, S. 25). Und ich betone nochmals: Das gilt in unserem Beispiel natürlich auch für Frank, schon in Bezug auf die Frage, die er stellt, wie auch für seine weiteren Reaktionen auf Doris' Ärger-Reaktion, die ja wiederum ihrerseits »Reiz« für ihn werden. Es gilt immer für *beide* Partner, und darum verstricken sie sich dann häufig aus so harmlos erscheinenden Situationen leicht in schier unentrinnbare »Teufelskreise«.

Machen wir uns an diesem kleinen Beispiel bewusst, wie viel Unachtsamkeiten der Art, wie es hier angedeutet ist, passieren: Aggressionen, Abwertungen, Unhöflichkeiten,

Nicht-Bemerken und dergleichen noch viel mehr. Das alles ist meist nicht bewusst »bös gemeint«, oft auch nicht bewusst »gegen den anderen« gerichtet – und trotzdem entfaltet es seine destruktive Wirkung, gerade in Langzeitbeziehungen, wenn der Schwung der ersten Liebe vorüber ist, die uns »automatisch« und ohne bewussten Vorsatz achtsam sein lässt. Machen wir uns deutlich, wie viel hier durch die Übung der Achtsamkeit zu vermeiden oder zu bewirken wäre, einfach nur dadurch, dass ich lerne, mir selbst und dem Geschehen um mich und in mir gegenüber diese »Beobachterposition« einzunehmen, die mir die Wahl gibt, so oder anders oder gar nicht zu reagieren. Dann könnte auch der »gute Wille«, den doch die meisten Paare haben, der Wille, eine gute Beziehung miteinander zu leben, wirksam werden: »Zwischen Reiz und Reaktion liegt die Freiheit!«

Achtsamkeitsübung

Destruktive Beziehungsmuster, also destruktive Abläufe, die sich zwischen Partnern immer wieder einstellen, haben wir gleichsam gelernt und durch oftmalige Wiederholung richtiggehend »eingeübt«, ohne dass wir das bewusst wollten. Darum ist es kaum möglich, auch bei bestem Willen, durch einen einmaligen Entschluss daraus auszusteigen. Das Gelernte und Geübte aus der Zeit vorher wird sich gegen unseren Vorsatz immer wieder durchsetzen, vor allem in emotional angespannten Situationen. Darum braucht es ein Neu-Lernen, in unserem Fall ein »Einüben von Achtsamkeit« für kritische Situationen. Dies kann so gehen:

1. *Ich nehme mir Zeit, wähle einen Ort, wo ich ungestört bin und erinnere mich an die letzte Situation, in der wir, mein Partner und ich, uns »in die Haare geraten« sind.*

Gut ist es, wenn ich dabei eine »typische« Konfliktsituation wähle, das heißt eine, die sich so oder ähnlich immer wieder abspielt. Ich mache mir deutlich: Was hat er/sie gesagt, getan oder nicht getan, worauf ich dann – am besten gleich am Anfang des konflikhaften Ablaufs – sauer reagiert habe, in Worten und/oder Verhalten.

2. *Ich mache mir deutlich: Was geschah in mir, bevor meine Reaktion kam? Welche Gedanken, Gefühle, Fantasien, Körperempfindungen, Impulse stiegen in mir hoch? Wenn ich die nicht alle identifizieren kann, macht das nichts. Ich halte fest, was mir deutlich wird, zum Beispiel im Fall von Doris »Ärger«.*
3. *Wie war dann genau mein Verhalten, das daraus folgte? Was hat es beim andern hervorgerufen, welche Situation ist daraus entstanden? War das günstig, hilfreich, konstruktiv? Oder hat hier ein destruktiver Ablauf begonnen, ein abrupter Abbruch des Dialogs, oder ein sich steigernder Teufelskreis, eine Konfliktspirale oder ähnlich Unerquickliches?*
4. *Wie hätte ich in dieser Situation anders reagieren können? Ich mache mir dies sehr konkret deutlich. Welche Reaktion meinerseits wäre möglicherweise günstiger gewesen? Ich male mir das, so weit es geht, ganz konkret aus.*
5. *Zum Schluss überlege ich, wann, wo und wie vermutlich die nächste ähnliche Situation entstehen wird und wie meine Reaktion entsprechend meiner Erkenntnis in dieser Situation aussehen könnte.*

Damit bin ich dafür gerüstet, dass mich eine ähnliche Situation in nächster Zeit nicht mehr so ohne weiteres überrumpelt, sondern dass ich Achtsamkeit entwickeln, die Beobachterposition einnehmen und konstruktiver reagieren werde.

Wenn sich mein Partner für diese Thematik ebenfalls interessiert, kann ich diese Übung auch mit ihm zusam-

men angehen, und zwar so, dass sie zuerst jeder für sich macht und wir uns dann gegenseitig darüber austauschen. Ich kann mir dann von ihm Feedback einholen, ob er die von mir ins Auge gefasste neue Reaktion auch von seiner Seite als hilfreich erleben und daraus kein weiterer Konflikt entstehen würde. Dies würde eine willkommene Stärkung für mich sein und mir helfen, dann wenn die Situation tatsächlich wieder eintritt, mehr Achtsamkeit zu entwickeln.

Wenn Partner die Übung in dieser Weise miteinander machen, geschieht es übrigens häufig, dass beide, ohne sich abzusprechen, dieselbe Situation oder jedenfalls denselben Konflikt wählen, weil beiden durchaus bewusst ist, welches die »kritischen Situationen« in ihrem Zusammentreffen sind. Sich mit »Forschergeist« solchen Situationen zuzuwenden und nicht mit der Absicht, dem anderen einen Fehler nachzuweisen, ist entscheidend. Ein Partner teilt dem anderen seinen Anteil am Konflikt mit und vermeidet so, die Schuld beim anderen zu suchen, was wiederum verhindern kann, dass der andere sich, und in der Folge jeder sich verteidigen »muss«. Jeder schaut auf seinen Teil und damit wird die häufige, aber unerquickliche Konfliktspirale gegenseitiger Schuldzuschreibung vermieden. Statt uns gegenseitig zu beschuldigen und verändern zu wollen, kämen wir so zu einer konstruktiven Kooperation zur Konfliktbewältigung.

3. Kapitel

Achtsamkeit und Konfliktmuster

Im Vorausgehendem dürfte deutlich geworden sein: Wenn Partner in manchen Situationen destruktiv miteinander umgehen, ist es nicht leicht, einem solchen Verhalten mit Achtsamkeit zu begegnen. Das aber ist notwendig, denn nur so lässt sich der Umgang miteinander wirklich verbessern/verändern. Ich habe versucht deutlich zu machen: Auch wenn wir uns um Achtsamkeit und das Einnehmen der »Beobachterposition« gegenüber dem Geschehen bemühen, werden wir von den eigenen Reaktionen »überrumpelt« und dann sind wir mit dem Partner flugs in einem »Teufelskreis« steigender Negativität gefangen. Damit es möglich wird, auch in solchen Situationen achtsam zu sein und Freiheit auch für anderes Verhalten als das »eingelernte« zu gewinnen, sollten wir Klarheit drüber gewinnen, *wovon das beeinflusst wird, was in uns vorgeht*, womit also jene »inneren Reaktionen«, die erwähnten Gedanken, Gefühle, Impulse, Körperempfindungen zusammenhängen, die unsere »äußere Reaktion« oft bestimmen und uns das Steuer scheinbar aus der Hand nehmen.

Dieser Frage nach den Ursachen für destruktive Verhaltensweisen wollen wir in den folgenden Kapiteln genauer nachgehen. Das wird uns helfen, immer wieder und immer öfter achtsam zu sein. Wir werden dann unsere »inneren Reaktionen« und deren Hintergründe besser verstehen, mehr Distanz gewinnen und den Freiraum schaffen, unsere »äußeren« Reaktionen bewusst zu wählen. Dabei geht es im Folgenden vor allem um Reaktionen, zu denen wir in *kritischen* Situationen neigen und durch die wir uns in unfruchtbare Auseinandersetzungen und scheinbar unentrinnbare »Teufelskreise« hineinmanövrieren.

»Beziehungsmuster« – »Konfliktmuster«

Ich komme wieder auf Doris und Frank zurück: Zunächst ist es ja schwer zu verstehen, *warum* ausgerechnet in dieser Situation vor einem gemeinsamen Abend, auf den sich beide gefreut haben, Doris so sauer reagiert und damit möglicherweise die Freude zerstört. Wenn wir aber genauer hinschauen, wird es nachvollziehbar. Als erstes entdecken wir nämlich, dass sich Ähnliches zwischen den beiden in letzter Zeit öfter zuträgt. Es handelt sich also um ein, wie wir es nennen, »Beziehungs*muster* », weil Reiz und Reaktion nach ähnlichem Muster »gestrickt« sind: Auf eine (scheinbar) harmlose Frage von Frank kommt eine gereizte Antwort von Doris. Das wiederholt sich, auch zum Kummer der beiden, immer wieder.

Auf den ersten Blick sind die Situationen, in denen das geschieht, recht unterschiedlich. Wenn wir aber noch genauer hinschauen, entdecken wir, dass sie trotz aller Verschiedenheiten häufig ein *gleiches oder sehr ähnliches Thema* haben. Immer, wenn Frank eine Frage stellt, die aus seinen Wunsch entspringt, von Doris Hilfe zu bekommen (deshalb fragt er in unserem Beispiel ja nach seinen Schuhen) oder sonst in irgendeiner Form »versorgt« zu werden, bzw. wenn Doris diese Frage so versteht, reagiert sie mit Ärger und Zurückweisung, und Frank ist frustriert. Immer wenn also das Thema »Versorgen und Versorgt werden« angesprochen ist, »stricken« die beiden im Umgang, miteinander ähnliche Muster. Daraus entsteht dann auf die Dauer immer mehr Enttäuschung, Rückzug voneinander usw. Und beide haben den

Eindruck: Diesem Sog kann man sich quasi nicht entziehen. Das zu verändern, gelingt einfach nicht. Doris denkt: »Immer wieder soll ich für ihn Mutter spielen«, und Frank hat das Gefühl: »Bei jeder harmlosen Frage weist sie mich zurück!« Darum sprechen wir in diesem und vergleichbaren Fällen nicht nur bloß von einem *Beziehungs*muster, sondern genauer von einem *Konflikt-Muster*, und meist ist damit sogar ein *»zentrales Konfliktmuster«* gemeint, denn in der Regel gibt es davon nicht eine Reihe verschiedener, sondern – wenn man das Thema anschaut, um das es jeweils geht – nur ganz wenige oder sogar nur ein einziges. Was Doris und Frank immer wieder um das Thema »Versorgen und Versorgt-Werden« inszenieren, wäre somit ihr »zentrales Konfliktmuster«.

Konfliktmuster und Achtsamkeit

Worin besteht der Nutzen solcher Überlegungen für einen achtsameren Umgang miteinander? Schauen wir wieder auf unser Beispiel, zuerst auf Doris, dann auf Frank. Doris könnte sich, wenn es zwischen ihr und Frank schon ein paar Mal so gelaufen ist wie geschildert, in einer ruhigen Minute fragen: »Was ist plötzlich los? *Wieso* verhaken wir uns in letzter Zeit so oft miteinander? Was ärgert mich an Frank so sehr?« Sie könnte die letzten vergleichbaren Situationen in ihrer Erinnerung wachrufen und dabei entdecken: »Immer wenn er mir Fragen stellt nach Dingen, die eigentlich *seine* Verantwortung sind, werde ich so ärgerlich! – Und was ärgert mich daran so sehr? Ich fühle mich jedes Mal in die Rolle gedrängt, dass ich ihn versorgen soll und er sich von mir versorgen lässt! Und das ärgert mich, denn ich will das nicht mehr!« Durch solche Überlegungen hätte sie nun ein wichtiges oder sogar *das* zentrale Konfliktmuster der beiden entdeckt!

Was hilft das aber für einen achtsameren Umgang mit Frank in einer so konkreten Situation, wie wir sie oben in dem kleinen Dialog geschildert haben? Doris würde erkennen: »Wenn er wieder in irgendeiner Form von mir versorgt werden will, wird es gefährlich! Dann stecken wir flugs wieder in unserem Hauptkonflikt.« Das könnte dann für sie zu einer Art »roter Ampel« werden: »Achtung, jetzt! Demnächst sind wir wieder da drin!« Mit anderen Worten: An ihren bereits deutlich spürbaren »inneren Ärger-Reaktionen« erkennt sie, dass sie jetzt wieder in die Nähe ihres »zentralen Konfliktmusters« geraten, sich Ärger in ihr aufstaut, der sich demnächst auch nach außen über Frank ergießen wird (»äußere Reaktion«). Das heißt: Würde sie sich das »zentrale Konfliktmuster« und typische Situationen, in denen es aktuell wird, bewusst machen, hätte sie eine große Hilfe, auch im konkret aktuellen Fall in die beschriebene »Beobachterposition« zu kommen, in jene Distanz, die ihr freie Wahl ermöglichte, auch nach außen anders zu reagieren als ihre »inneren Reaktionen« es »wollen«, also entweder ganz nüchtern mit »Nein, habe deine Schuhe nicht gesehen!« oder humorvoll »Natürlich! Mutti weiß doch alles!« oder auch ablenkend »Du, ich hab keine Zeit, ich muss jetzt selber …« und ähnlich. So könnte sie vermeiden, die Stimmung für den Abend, der ja auch ihr wichtig ist, zu vermiesen. Und denkbar wäre durchaus auch, dass sie sich bewusst entscheidet (aber eben »entscheidet«!), ganz offen ärgerlich zu reagieren, weil sie den Konflikt endlich auch mal deutlich machen will und nicht nur bloß indirekt, und weil ihr das in diesem Moment wichtiger ist als der fröhliche Abend miteinander.

Dass es so oder ähnlich verläuft, dazu könnte natürlich auch Frank seinerseits einen Beitrag leisten. Im Grundsatz ginge es hier um genau das Gleiche. Beispielsweise könnte auch er sich fragen: »Worum geht es da eigentlich, wenn Doris wie in letzter Zeit mir gegenüber so abweisend wird?« Und wenn dann auch er zur Erkenntnis käme, dass es immer um Situationen geht, in denen er von Doris etwas will, was »eigentlich« seine Sache ist (in unserem Beispiel sich *selbst* um seine Schuhe zu kümmern), dann würde auch ihm klar, dass hier ihrer beider derzeit zentrales »Konfliktmuster« in Gang kommt. Dann würde auch bei ihm in unserer Beispielsituation die »rote Ampel« aufleuchten, und er könnte hier und in ähnlichen Situationen, leichter auf »Vorsicht!« umschalten und: »Schau erst mal selber, bevor du sie fragst!« Auch er hätte dann zu seinem »automatisch« hochsteigenden Bedürfnis, sich gleich an Doris zu wenden, wenn er etwas sucht oder braucht, Distanz gewonnen, wäre ebenfalls diesem Bedürfnis gegenüber in die »Beobachter-Situation« gegangen, die ihm eine bewusste andere Entscheidung seinerseits ermöglicht hätte. Damit hätte auch er seinen Beitrag zur »Entspannung« geleistet.

Klar ist, dass eine derartige Übung der Achtsamkeit *beider Partner* einen Entspannungsprozess sehr voranbringen würde. Denn wenn nur einer darum bemüht ist, entsteht für ihn immer wieder ein Sog in das alte Konfliktmuster, dem er sich schwer entziehen kann, auch wenn er sich um Achtsamkeit redlich bemüht. Wenn beide das gefährliche Muster erkannt haben und diese Erkenntnis in der beschriebenen Weise für Achtsamkeit nutzen, ist die Chance, es außer Kraft zu setzen und durch ein konstruktiveres Muster zu ersetzen, bedeutend größer.

Ich möchte nochmals zusammenfassen, was zum Erkennen und »Außer-Kraft-Setzen« solcher zentralen Konfliktmuster nützlich ist:

Als erstes – ganz allgemein und ergänzend gesagt: sich deutlich zu machen, dass es in fast jeder nahen Beziehung derartige *Konfliktmuster* gibt, die den Paaren Mühe machen. Wir beide sind also nicht das einzige Paar auf der Welt, das sich mit solchen Problemen herumschlagen muss! Sich das zu sagen, entspannt – und Entspannung ist eine gute Voraussetzung für Achtsamkeit und Veränderung.

Als zweites: Danach suchen, was das *gemeinsame Thema*

dieser Konflikte ist. Wenn wir darauf eine Antwort finden, haben wir das *»zentrale Konfliktmuster«* entdeckt. Das hilft jedem von uns, für sich die Regie über das eigene Verhalten zu übernehmen und aus der passiven Opferrolle, »nichts dagegen machen zu können«, auszusteigen.

Als drittes, sich daraus eine »Warnlampe« zu machen, die aufleuchtet, wenn wir in der konkreten Situation mit dem Partner wieder dieses Thema berühren, sodass jeder die nötige *Distanz und Freiheit* gewinnt.

Als Viertes hilft es dabei zu entscheiden, wie ich nun *tatsächlich handeln* und mich dem anderen gegenüber verhalten werde.

Unser zentrales Konfliktmuster

Die gegebenen Hinweise sind sicherlich hilfreich, um das spezielle Konfliktmuster einer Paarbeziehung herauszufinden. In dem folgenden Abschnitt möchte ich aber noch zusätzliche Hilfestellung geben: Als erstes, indem ich das Gesagte durch weitere Beispiele ergänze, in denen sich manches Paar wiedererkennen wird, und als zweites, indem ich deutlich mache, welche »Struktur« solche Konfliktmuster meistens haben, sodass man sie auch daran gut oder sogar schneller erkennen kann.

a. Übergeordnete häufige Konflikt-Themen

Bei Frank und Doris haben wir bereits erkannt, dass die Frage an Doris nach seinen Schuhen – jedenfalls so wie sie diese versteht – dem Thema »Versorgen und Sich-Versorgen-Lassen zuzuordnen ist, noch allgemeiner dem Thema: *»Geben – Nehmen«*. Speziell bei diesem Paar-Muster kommt es bei sehr vielen Partnern zum Konflikt, weil es sehr grundlegend für eine *gleichwertige* Partnerschaft ist. Dieses Thema gibt es natürlich in vielen unterschiedlichen Varianten: Die Frau sorgt, der Mann lässt sich versorgen. Die Frau ist allein für Haushalt und Kinder verantwortlich, der Mann hält sich da heraus. Der Mann wird immer wieder aktiv, um seine Frau für Sex zu gewinnen, die Frau bleibt passiv und kommt von sich aus nie auf ihn zu usw.

Ein anderes Konfliktthema ist häufig *»Distanz und Nähe«*: Dem einen ist Selbstbestimmung sehr wichtig, darum sorgt er in der Beziehung immer wieder für Distanz, vor allem, wenn der andere seine Nähe sucht. Auch hier können die Varianten sehr zahlreich sein: Sie möchte immer wieder mal alleine in Urlaub fahren, das Ziel allein bestimmen; er beginnt dann, sie durch dringliche Bitten, Jammern oder auch moralische Vorwürfe festzuhalten, weil er fürchtet, sie zu verlieren. Oder: Sie fasst gerne – auch in der Öffentlichkeit – zärtlich nach seiner Hand, er mag das nicht und zieht diese deshalb häufig zurück. Oder der eine ist unablässig dringlich beschäftigt, sodass sich der andere mit seinen Kontaktwünschen häufig frustriert fühlt usw.

Auch mit dem Thema *»Bestimmen – sich anschließen«* haben viele Paare Probleme, also mit der Machtverteilung zwischen Mann und Frau. Das kann sich zum Beispiel darin äußeren, dass einer immer seinen Kopf durchsetzen will, der andere, der sich früher fast immer angeschlossen hat, das aber nicht mehr will und deshalb anfängt, passiven Widerstand zu leisten. Eine andere Variante: Der eine bestimmt fast immer, indem jede Initiative von ihm ausgeht, der andere macht zwar mit, aber von ihm kommt nie ein Impuls. Hier wird »die Macht« des Initiativen allmählich zur Riesenbelastung, auch wenn der »Mitläufer« das ganz gerne weiter so machen möchte. Oder eine dritte Variante: Beide versuchen immer wieder, ihre Ideen gleichzeitig durchzusetzen, also jeder Vorschlag und überhaupt fast jede Meinung oder Behauptung des einen veranlasst den anderen, eine Gegenposition einzunehmen. Kein Wunder, dass sich daraus immer wieder Machtkämpfe und Streit-Eskalationen entwickeln.

Ein weiteres mögliches Konfliktthema kann mit *»Dauer – Wechsel«* umschrieben werden. Dem einen ist Stabilität in der Beziehung wichtig, jede Veränderung ist ihm suspekt. Der andere möchte, dass sich immer mal wieder etwas bewegt, ihm wird sonst langweilig oder es macht ihm Angst vor Erstarrung. Darum möchte er zum Beispiel, dass man den Urlaub nicht langfristig plant und nicht immer an denselben Ort fährt, sondern erst am Tag vor Beginn spontan entscheidet, wohin es gehen soll, was wiederum den anderen in Panik versetzt, weil er befürchtet, nirgends mehr einen Platz zu finden und von Ort zu Ort irren zu müssen. Oder: Der »Wechselmensch« möchte in der Wohnung immer wieder alles verändern, die Möbel auswechseln oder wenigstens umstellen, Der »Dauertyp« fühlt sich dadurch beunruhigt, er möchte das alles möglichst lange so bleibt wie bisher. Auch hier gibt es natürlich viele weitere Varianten.

Auch das Thema *»Verstandesmensch – Gefühlsmensch«* wird nicht selten in Variationen zum Konfliktthema: Der Mann diskutiert bei jedem Treffen mit seinem Freund heftig über die richtigen Strategien zur Problemlösung. Seine Frau sagt dazu: »Mein Gott, wird das kompliziert! Ich sage euch: Ich habe das *Gefühl*, so und so müsste es gehen ...« Also: Er analysiert, sie geht ihrem »Instinkt« nach, er sagt zu ihr: »Immer du mit deinem Gefühl!«, und sie zu ihm: »Immer du mit deinem Verstand!« – und schon sind sie mitten im Streit.

Schließlich: »Theoretisch orientiert – praktisch orientiert«. Der eine packt sofort an, wenn ein Problem zu bewältigen ist, der andere »muss« zuerst lange planen und nachdenken, um eine genaue Strategie für das konkrete Handeln zu entwickeln. Der Praktische fürchtet, dass man zu keiner Lösung des Problems kommt, der Verstandesmensch dagegen, dass man Fehler macht, sich verrennt und in Sackgassen gerät, wenn man nicht im Vorhinein ganz scharf und lange überlegt.

Schon an den letzten beiden Konfliktthemen wird deutlich, dass sich diese Themen überschneiden können und es auch Mischungen gibt: Der Gefühlsmensch kann zum Beispiel zugleich auch der Praktische sein, und der Distanz-Mensch, von dem wir oben gesprochen haben, auch der Verstandesmensch. Und das konkrete »Geben-Nehmen«-Thema eines Paares hat natürlich oft auch viel mit seiner Nähe-Distanz-Regulierung zwischen beiden zu tun. Das herauszufinden, kann nützliche konkrete Hinweise geben, aber es kann auch zu Haarspaltereien verführen. Also ist Vorsicht dabei geboten, alle Überschneidungen und Mischungen herausfinden zu wollen. Es geht vielmehr ganz pragmatisch darum, was ins Auge springt und worauf die Partner sich für ihre weitere Auseinandersetzung in ihrer Sichtweise einigen können: Dazu sollen die beschriebenen Themenbereiche eine Hilfe sein.

b. Polaritäten – Polarisierungen

Allerdings: Auch wenn beide Partner ihr Konfliktmuster klar erkannt haben und benennen können, bleibt es erfahrungsgemäß trotzdem sehr schwer, sich dessen »Sog« zu entziehen. Immer wieder geraten sie, obwohl sie es identifiziert haben, da hinein. Wir gehen deshalb nun der Frage nach: Woher kommt dieser Sog? Dem Leser ist wohl bei der Beschreibung der Konfliktmuster aufgefallen: Sie beinhalten immer *Polaritäten*: »Nähe – Distanz«, »Versorgen – Sich-versorgen-Lassen«, »Dauer – Wechsel« usw., das heißt, sie charakterisieren jeweils Verschiedenheiten, sogar Gegensätzlichkeiten der Eigenschaften der Partner, eben *Polaritäten*. Kann es daran liegen?

Sind nicht gerade diese polaren Eigenschaften ein großer Reichtum für die Beziehung? – Zweifellos, ja man kann sogar feststellen: Genau wegen einer solchen Polarität haben sich die beiden einmal ineinander verliebt und einander gewählt! Diese Unterschiedlichkeit hat sie damals nämlich fasziniert. Was war das Faszinierende daran? In der Verliebtheit erlebten die beiden, und erleben die meisten Paare intensive Nähe, ja Verschmelzung miteinander. Durch das, was der andere anders oder mehr hat als ich – Klarheit des Verstandes oder Intensität des Gefühls, intensive Nähe oder autonome Distanz usw. – erlebt der Liebende Bereicherung der Beschränktheit seiner eigenen Person und Beschenkt-Werden vom anderen mit etwas, das seine Eigenschaften glückhaft ergänzt und ihm zur »Ganzheit« des vollen Lebens verhilft. Es handelt sich bei diesen Polaritäten ja immer um zwei Seiten des Lebens, die in gewisser Weise zusammengehören. Dies macht einen guten Teil der Verliebtheit in der ersten Phase der Beziehung aus. Aber leider bleibt das nicht so.

Im Laufe des gemeinsamen Alltags beginnt es die Partner zu ärgern. Warum das? Dafür gibt es mehrere Gründe:

Erstens wird die polare Eigenschaft des anderen durch die Liebe doch nicht wirklich zu meiner. Der andere bleibt ein anderer, ich werde im Alltag wieder auf meine Beschränktheit zurückgeworfen. Ich als Verstandesmensch werde kein »Fühlmensch«, wie der andere es ist. Nähe zuzulassen und gar zu geben, fällt mir als »Distanz-Mensch« allmählich wieder sehr viel schwerer als meinem Partner, und dieser wird plötzlich durch mein wieder hochkommendes Distanz- und Autonomiebedürfnis nicht mehr bereichert, sondern irritiert. Dies allein verursacht schon eine gewisse Enttäuschung. Ich bin wieder auf meine eigene Begrenztheit zurückgeworfen.

Zweitens: Die polare Eigenschaft des anderen bleibt mir, trotz anfänglicher Faszination, dennoch weithin fremd. Und Fremdes irritiert oder macht sogar Angst: Die Beweglichkeit und Anpassungsfähigkeit (Wechsel-Typ) meines Partners hat mich (Dauer-Typ) anfänglich fasziniert, jetzt beginnt sie mich in Frage zu stellen und unsicher zu machen.

Oder bei »Geben – Nehmen«: Die Großzügigkeit meines Partners im Geben hat mich damals glücklich gemacht und mich selbst zum Wieder-Geben inspiriert, jetzt beginnt sie mir unangenehm zu werden, weil mir das Geben plötzlich gar nicht mehr so leicht fällt und ich durch die Großzügigkeit des anderen »in seine Schuld« gerate.

Drittens werde ich dadurch auch damit konfrontiert, dass die zu mir polare Fähigkeit des Partners bei mir gar nicht oder nur sehr verkümmert ausgebildet ist, und daran erinnert mich der Partner immer, wenn ich bei ihr/bei ihm diese Fähigkeit erlebe, während sie bei mir ein »Schatten-Dasein« führt, um hier einen wichtigen Begriff von C.G. Jung zu verwenden.

Deshalb beginnen Partner oft die gegensätzlichen, polaren Eigenschaften aneinander zu bekämpfen: »Immer du mit deinem Gefühl« – »Immer du mit deinem Verstand«. Oder: »Immer willst du von mir versorgt werden« – »Immer weist du mich ab« usw. So kann man mit gutem Recht den paradoxen Satz sagen: »Was mich am Anfang am Partner am meisten fasziniert hat, das ärgert mich jetzt am meisten!«

Die Polarität wird also immer weniger als Ergänzung und Bereicherung erlebt, sondern zunehmend als »*Polarisierung*«. Das heißt: Die zunächst einander *ergänzenden* Pole werden zu entgegengesetzten, dadurch gegensätzlich und konflikthaft. Die Frau sagt zum Beispiel: »Immer bist du am Abend unterwegs, nie bist du zuhause!« Das empfindet der Mann als Kritik und »muss« dagegen seine Position behaupten, indem er diese stärker betont: »Erstens stimmt ›immer‹ und ›nie‹ auf keinen Fall, und zweitens hast du ja auch Vorteile von meinen Nebentätigkeiten am Abend!« Das aber führt dazu, dass die Kritikerin ihren Pol nun ebenfalls durch härtere Kritik und Abwertung verstärkt: »Immer diese Ausreden! In Wahrheit willst du eben von mir nichts mehr wissen!« – und so steigern sie sich weiter in eine Art Teufelskreis und nicht mehr zu stoppende Eskalation hinein, oder – was genau so schlimm ist – in Verstummen, Rückzug voreinander und Beziehungsabbruch. Die anfänglich als ergänzend erlebten Pole verhärten sich jetzt immer mehr zu konflikthaften Gegensätzen.

Außerdem kommt noch hinzu: Wenn ähnliches Verhalten von einem der Partner wieder gezeigt wird, wird es ein Stück wahrscheinlicher, dass sich der gleiche Ablauf demnächst wiederholt, und dann jedes Mal härter, schärfer als beim vorausgehenden Mal. Daraus entsteht allmählich auch ein *»Lernprozess«*: Diese Art, mit Konflikten Situationen umzugehen, wird ja dadurch regelrecht eintrainiert, auch wenn die Partner darunter leiden und das eigentlich nicht wollen. Indem sie es wiederholen, prägen sie es sich noch tiefer ein, machen sie es zu einem »Verhaltensprogramm«, und die Wahrscheinlichkeit, das Muster immer häufiger zu wiederholen, wird dadurch immer größer – auch gegen ihr bewusstes Wollen.

Damit sind wir bei einer wichtigen zusätzlichen Ursache, dass wir uns trotz bester Vorsätze diesen Konfliktthemen scheinbar nicht entziehen können, sondern in heillose Gegensätze geraten, heftig streiten oder uns aus der Kommunikation mit dem Partner zurückziehen und einsam und frustriert zurückbleiben. Das heißt, dass solche Konflikteskalationen für den Bestand einer Beziehung gefährlich werden. Es gibt wissenschaftliche Untersuchungen, die ergeben, dass sie das Liebesfundament zweier Partner, auch wenn dieses am Anfang solide war, untergraben und Trennungen immer wahrscheinlicher machen (Gottman 1999, S. 81–124) oder zu einem endgültig enttäuschten Nebeneinander der beiden führen.

Das zu erkennen, motiviert uns möglicherweise, die Übung der Achtsamkeit bei solchen zentralen Konfliktmustern noch ernster zu nehmen, um uns dem Teufelskreis dieser Entwicklung frühzeitig zu entziehen.

Weitere Hilfen zum achtsamen Umgang mit zentralen Konfliktmustern

Die letzten Überlegungen enthalten auch noch weitere Hilfen, um mit den eigenen Konfliktmustern, wo sie aktuell werden, achtsam umzugehen:

a. Wohlwollendes Annehmen der Realität

In dem zuletzt Gesagten ist schon eine solche weitere Hilfe mit enthalten: Wenn wir die bedrohliche Dynamik solcher Muster verstanden haben, ermöglicht uns das auch wohlwollendes Verständnis füreinander, Verständnis für mich selbst und Verständnis für den Partner, weil es eben gar nicht leicht ist und im Lauf des Zusammenlebens immer schwerer wird, sich dem Sog dieser Muster zu entziehen. Solches Verständnis führt keineswegs zur Entwarnung vor der Gefährlichkeit des Musters. Es ist vielmehr eine wichtige Voraussetzung, dass wir es verändern können. Denn Veränderung braucht wohlwollenden Realismus und zunächst »nehmen, wie es ist« (s. oben S. 5 und 6). Denn mit Selbstkritik und Kritik am Partner schaffen wir nur Widerstände bei uns selbst und Widerstände beim Partner. Hingegen schafft wohlwollendes Verständnis für sich selbst und den anderen in solch schwierigen Situationen viel bessere Voraussetzungen für Veränderung.

Das heißt – nun wieder am Beispiel von Doris und Frank: Wenn Doris die Frage von Frank hört (»Weißt du, wo meine schwarzen Schuhe sind?«) und nicht sofort gereizt reagierte, sondern den in ihr aufsteigenden Ärger achtsam und mit Verständnis für sich wahrnähme, bekäme sie dadurch mehr Distanz zum augenblicklichen Geschehen, was ihr dann auch die Entscheidung für eine andere äußere Reaktion als die gereizte ermöglichte.

Und für Frank: Wenn er, statt seine Anfangsfrage gedankenlos einfach so »rausrutschen« zu lassen, einen Augenblick innehalten würde und sich spüren ließe: »Oh, solche Fragen haben sie in letzter Zeit provoziert!« und dies einfach aus Rücksicht auf sie als Realität akzeptieren würde, dann hätte auch er die freie Wahl, stattdessen etwas anderes zu sagen oder zu tun. Durch beides könnte in dieser Situation das alte Muster vermieden werden, aus dem sich dann möglicherweise Eskalationen entwickeln, die kaum noch zu stoppen sind.

b. Eigenen Entwicklungsbedarf erkennen

Wenn unsere Anfangsverliebtheit unter anderem deshalb abgeebbt ist, weil wir bemerken, dass die faszinierenden Eigenschaften des anderen doch nicht zu unseren Eigenen geworden, sondern uns auch fremd geblieben sind, könnten wir das ja *auch* als konstruktive Herausforderung nehmen: Meine eigenen unterentwickelten, meine »Schatten-Seiten«, die mir jetzt durch den Partner unangenehm vor Augen geführt werden, statt sie zu bekämpfen, jetzt als Herausforderung zur eigenen Weiterentwicklung zu nehmen: Der Distanzierte könnte sich darum bemühen, bewusst immer wieder Nähe zum Partner zu suchen, auch wenn ihm das nicht so leicht fällt, und so mehr Bindungsfähigkeit entwickeln. Und der Nähe-Mensch könnte es lernen, auch mit Distanz konstruktiv umzugehen, indem er zu gewissen Zeiten allein etwas macht und so seine eigene Autonomie stärkt. Oder: Derjenige, der immer bestimmen und seine Meinung durchsetzen will, könnte, statt sich in Machtkämpfe mit dem anderen zu verwickeln, sich diesem immer wieder mal bewusst anschließen, seiner Meinung zustimmen, tun, was dieser von ihm wünscht. Der eher Fügsame seinerseits könnte bewusst üben, zu seiner Meinung zu stehen und klar zu sagen, was er in dieser oder jener Situation möchte. So könnte der eine etwas von dem, was ihn am Anfang am anderen so fasziniert hat, etwas mehr bei sich selber entwickeln, er bräuchte sich dann nicht mehr über dieses Anders-Sein des anderen zu ärgern, sondern würde es konstruktiv für sich selbst nutzen. Dabei müsste er keine Sorge haben, dass die Beziehung durch zu viel Gleichheit langweilig würde. Dadurch dass sich die Partner auf diesem Weg etwas mehr angleichen, bleibt dennoch genug Unterschiedlichkeit. Das einzige, was passieren würde: Die Gegensätzlichkeiten würden gemildert, dadurch die Polarisierung abgebaut und wieder in anregende Polarität verwandelt.

c. Anerkennung für den Partner

Dadurch könnten wir auch wieder lernen, die »andere Seite des anderen« statt abzuwerten, auch hochzuschätzen und dem anderen dafür wieder Anerkennung zu geben: »Ich staune über deine Flexibilität und Veränderungsbereitschaft«, könnte der Dauertyp zum Wechseltyp sagen, »ohne dich, stände ich in Gefahr zu erstarren!« Und der Wechseltyp zum Dauertyp: »Und ich schätze deine Konstanz, weil ich mich zu hundert Prozent auf dich verlassen kann.« Dadurch käme eine zusätzliche Abschwächung von Polarisierungsprozessen zwischen den beiden in Gang, was Achtsamkeit in kritischen Situationen nochmals leichter möglich machen würde.

d. Kooperation statt Abwertung

Wenn wir unsere gegensätzlichen Eigenschaften auf diese Weise wieder schätzen lernen, dann wird es auch wieder leichter, unsere Unterschiedlichkeit konstruktiv für Zusammenarbeit zu nutzen: Du kannst das eine, ich kann das andere. Darum mache ich das, und überlasse dir das! – Wo klare Planung nötig ist, mache ich es, wo spontanes Handeln besser ist, bist du dran! Wo es Analyse braucht, ist es meine Sache, wo die Angelegenheit so unüberschaubar und komplex wird, dass man nichts mehr analysieren kann, richte ich mich nach deinem »Instinkt«! Und miteinander sind wir ein starkes Team! Auch durch eine solche Haltung würden die »Polarisierer« wichtige Schritte aufeinander zu tun, und damit die fatale Dynamik, die sich aus der Polarisierung entwickelt, außer Kraft setzen oder zumindest nicht mehr so oft in Gang kommen lassen. So würde die Idealisierung des anderen am Anfang der Beziehung, aber auch die Enttäuschung und der Ärger über den Partner im weiteren Verlauf abgelöst durch die Entwicklung einer realistischen und tragfähige Liebe, und in dem Maße, in dem diese wächst, wird auch ein achtsamer Umgang miteinander immer selbstverständlicher möglich.

Achtsamkeitsübung

Auch diese Übung können Sie für sich allein oder im Austausch mit Ihrem Partner durchführen. Wiederum wählen Sie eine Zeit für sich und einen Ort, an dem Sie ungestört sind.

1. *Machen Sie sich nochmals oder erstmals den letzten Konflikt mit ihrem Partner, den sie als »typisch« erlebt haben, möglichst konkret bewusst. Wenn Sie die Übung mit Ihrem Partner machen, wählen sie möglichst die gleiche Situation, damit Sie beim Austausch untereinander denselben Bezugspunkt haben.*
2. *Überlegen Sie, was genau Sie im Ablauf dieses Konfliktgeschehens als »typisch« erleben, weil es Ihnen auch in anderen Situationen ähnlich ergangen ist.*
3. *Fragen Sie sich: Lassen sich die Positionen, in die ich in diesen Konflikten gerate und in die mein Partner gerät, als Polaritäten formulieren, die dann immer wieder zu Polarisierungen, Frustration und Streit führen? Als Anregung dafür können Sie die vorhin aufgezählten Konfliktthemen und beschriebenen Beispiele für zentrale Konfliktmuster verwenden oder auch bei Ihren eigenen Einfällen bleiben. Wichtig ist, dass Sie zur Formulierung einer Polarisierung gelangen, die auf viele oder sogar auf die meisten ihrer, jedenfalls ernsthafteren, Konflikte passt. Wahrscheinlich sind Sie damit bei einem oder »dem« zentralen Konfliktthema und wichtigsten Konfliktmuster ihrer Beziehung angelangt. Machen Sie sich dies nochmals deutlich bewusst Wenn Sie die Übung mit dem Partner machen, achten Sie darauf, dass Sie mit diesem zu einer ähnlichen Sichtweise kommen.*
4. *Schauen Sie dann auf Ihre Position in diesen Konflikten: Vermeiden Sie zu sagen: »Ich muss mich ja so verhalten, weil Du/weil mein Partner…« Damit machen*

Sie jede Veränderung zum Besseren von vornherein unmöglich. Nicht Schuldzuschreibung, sondern: Betrachten Sie mit »Forschergeist« interessiert diese Situation wie von außen: Einfach als Tatsache, oder wie einen Film, der gerade vor Ihnen abläuft. Ja, so ist es: Diese Position nehme ich ein, diese Du/mein Partner. Und darum kann ich auch Verständnis dafür haben, dass ich mit dir und du mit mir dann in diesen Konflikt gerate.

5. *Hilfreich kann es auch sein, sich zu erinnern, welche Bereicherung gerade diese Polarität und der Pol, den jeder der beiden einnimmt und der jetzt zum Ärgernis wird, in der ersten Zeit der Beziehung für beide war. Das zeigt »die andere Seite« und das Potential, das darin auch steckt, und nicht nur den Konflikt.*
6. *Machen Sie sich – ähnlich wie in der Übung zum letzten Kapitel – nochmals bewusst, welche Gefühle, Gedanken, Handlungsimpulse und welches Körperempfinden in der »kritischen Situation« in Ihnen hochsteigen (»innere Reaktion«) – und wie Sie sich dann oft in dieser Situation tatsächlich verhalten (»äußere Reaktion«). Vielleicht können Sie dabei sich und dem Partner gegenüber sogar ein gewisses Wohlwollen entwickeln: Ja, so läuft es, und es ist kein Wunder, dass es so läuft. Ganz schön schwierige Situation für mich, für dich, für uns beide!*
7. *So schaffen Sie wesentliche Voraussetzungen für Veränderung: Sie erkennen, dass es bei dem Konflikt, so kleinlich er vielleicht im Einzelnen aussehen mag, nicht um irgendein, sondern ein wesentliches Thema Ihrer Beziehung geht. Sie verstehen von diesem Punkt der Betrachtung aus besser, dass Sie deshalb leicht von schlechten Gefühlen und gereizten Reaktionen überrumpelt werden und dass dies nicht moralisch zu be- und verurteilen, sondern durchaus nachvollziehbar ist. Damit bauen Sie für das nächste Mal vor, wenn es wieder ganz konkret wird und eine ähnliche Situation ein-*

tritt, achtsamer mit sich selber umzugehen, und das wird Ihnen helfen, auch dem Partner gegenüber eine andere konstruktivere Reaktionsweise zu wählen als die bisherige.

8. *Wenn Sie diese Übung zusammen mit Ihrem Partner machen: Vermeiden Sie vor allem, in das Muster zu geraten: »Ich muss ja …, weil du …« Wenn es gelingt, dass jeder für seine Rolle in der Polarität, um die es geht, und sein Verhalten in der Polarisierung selber Verantwortung übernimmt, wenn Sie sich über Ihre Gefühle und Impulse in solchen Situationen freundlich oder auch »nur« sachlich austauschen können, dann schaffen Sie Verständnis füreinander und für die jeweiligen »äußeren Reaktionen«, auch wenn diese von außen betrachtet übertrieben, unangemessen, »daneben« erscheinen. So schaffen Sie bei sich und beim Partner auch eine kooperative Haltung, was die Wahrscheinlichkeit, in der nächsten gefährlichen Situation achtsam zu sein und nicht in fruchtlose Auseinandersetzungen »hineinzurutschen«, sehr erhöht.*
9. *Und: freuen Sie sich, wenn es Ihnen und auch ihrem Partner gelungen ist, durch Achtsamkeit das alte Konfliktmuster einmal zu vermeiden. Geben Sie sich und dem Partner ausdrücklich Anerkennung dafür. Dadurch motivieren Sie sich und den anderen, auch beim nächsten Mal Achtsamkeit zu üben: Denn es braucht gerade bei oftmaligen Konflikten der gleichen Art Übung, um neue Muster zu erlernen.*

4. Kapitel

Achtsam mit dem umgehen, was jeder aus seiner Lebenssituation mitbringt

Nachdem, was wir im letzten Kapitel gesehen haben, könnte die Erkenntnis des gemeinsamen Konfliktmusters auf verschiedene Weise helfen, auch in kritischen Situationen achtsam mit sich selbst und dem Partner umzugehen und so unnötige und unfruchtbare Streits miteinander zu vermeiden. Allerdings zeigt die Erfahrung: Selbst Paaren, die sich ihres gefährlichen Konfliktmusters klar bewusst sind, passiert es dennoch häufig, dass sie dieses nicht loslässt und sie plötzlich wieder darin verstrickt sind. Es spielen nämlich auch noch andere Faktoren eine Rolle, die uns unter *Stress* setzen und durch diesen Stress lassen wir uns dann doch immer wieder da hinein »ziehen«. Solche Faktoren möchte ich in den nächsten Kapiteln bewusst machen und ebenfalls Hilfen anbieten, mit ihnen konstruktiv umzugehen, sodass Achtsamkeit dem Partner gegenüber leichter wird. Ein solcher Faktor soll uns in diesem Kapitel beschäftigen: *Die verschiedenen Lebenswelten der Partner*, die manchmal aufeinandertreffen, wenn sie einander begegnen.

Die unterschiedlichen Lebenswelten

Wir führen uns nochmals den Kurzdialog unseres Beispiel-Paares vor Augen:

Frank (»Reiz«): Doris, wo sind denn meine schwarzen Schuhe? Hast du die irgendwo gesehen?
Doris (»äußere Reaktion«): Bin ich deine Mutter? Schau gefälligst selber nach deinen Sachen!

Wenn Doris und Frank zusammen kommen, um sich für den gemeinsamen Abend vorzubereiten, sind ihre beiden Lebenswelten denkbar unterschiedlich. Frank kommt aus seiner Berufswelt. Da hat er gerade mit einem Kollegen zu tun gehabt, von dem er vermutet, dass er gegen ihn intrigiert. Das lässt ungute Gefühle in ihm zurück, die er noch nicht ganz abgestreift hat. Außerdem steckt er gerade in einem Projekt, das schon lange abgeschlossen sein sollte, weshalb sein Chef immer unwilliger wird. Und ausgerechnet für dieses Projekt hat er heute eine wichtige Unterlage aus einer anderen Abteilung nicht bekommen, was ihn noch mehr unter Druck bringt und ihn auf den dortigen Chef auch noch ärgerlich macht, denn das weckt den Verdacht in ihm, dass dieser mit dem intrigierenden Kollegen unter einer Decke steckt. Während er sich für den Abend mit seiner Frau fertig macht, besetzen ihn noch ganz und gar diese Gedanken, Fantasien und Gefühle. Und dann findet er seine Schuhe nicht gleich …

Doris ihrerseits kommt aus einer Welt, die recht anders aussieht. Im Beruf ist für sie zwar alles glatt gelaufen. Aber sie hat gerade noch die Kinder zu ihren Eltern gebracht, um für den Abend mit Frank frei zu sein, und die Kleine wollte partout nicht da bleiben und hat furchtbaren Zoff gemacht, als sich Doris anschickte zu gehen, und dann hat ihr die Mutter auch noch Vorhaltungen gemacht, dass sie sich um das Kind zu wenig kümmern würde, weil sie ja unbedingt auch noch – zu allem hinzu – berufstätig sein wolle … Damit ist sie noch voll beschäftigt in einer Mischung aus Ärger und schlechtem Gewissen, und da hört sie Frank an ihre »mütterliche Fürsorge« appellieren …

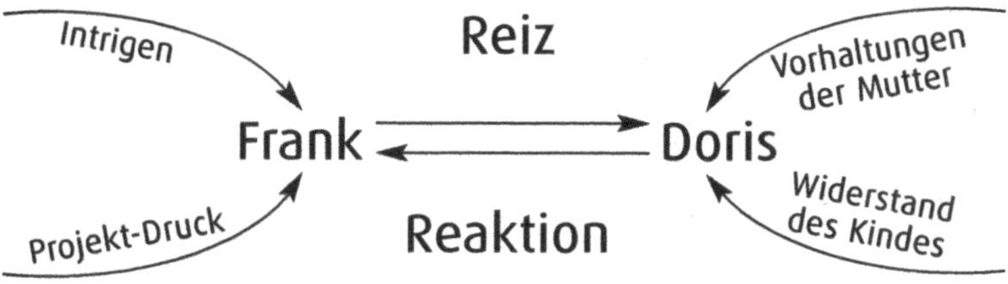

Abb. 3: »Innere Welt« von Frank – »innere Welt« von Doris

In Frage und Antwort *treffen also nicht nur Frank und Doris aufeinander, sondern jeweils auch ihre »Welten«, aus denen sie kommen*, denen sie in ihren Gedanken und Gefühlen noch verhaftet sind und die ihre inneren und in der Folge auch äußeren Reaktionen massiv mit beeinflussen. Das macht sich aber keiner der beiden bewusst und beachtet es deshalb in seinen Worten an und Reaktionen auf den anderen nicht. Das heißt: Würde Frank beachten, dass er in der Situation des Zusammentreffens mit Doris noch ganz besetzt ist von seinen Erlebnissen vorher, würde ihm seine Frage nicht einfach »rausrutschen«, vielmehr hätte er dann mehr Freiheit, darauf zu achten, erstens, welche Reaktionen in letzter Zeit derartige Fragen bei Doris ausgelöst haben und zweitens aus welcher Situation *sie* gerade kommt, nämlich aus der mit ihrer Mutter, zu der sich die Beziehung von Doris in letzter Zeit ziemlich problematisch gestaltet, und deshalb eine solche Frage besonders »gefährlich« ist.

Und würde Doris sich ihrer »Welt« bewusst sein, aus der sie kommt, wäre ihr klar, dass sie auf Fragen von Frank, die an mütterliche Versorgung appellieren, besonders versucht ist, gereizt zu reagieren, und außerdem könnte sie dann auch realisieren, dass die »Gedankenlosigkeit« der Frage von Frank möglicherweise auch damit zu tun hat, dass er von *seinen* Erlebnissen im Büro noch sehr in Anspruch genommen ist. Das würde auch ihr die Freiheit geben, anstelle ihrer gereizten Antwort auf Frank anders, gelassener zu reagieren.

Jeder der beiden würde dann in seinen Gedanken und Gefühlen seiner Welt nicht unbewusst verhaftet bleiben, sondern könnte sich – zum Beispiel im Interesse des bevorstehenden gemeinsamen Abends – davon distanzieren und so die Freiheit gewinnen, im »Hier und Jetzt« zu sein und anders zu agieren bzw. zu reagieren. Außerdem und zusätzlich ermöglichte ihm das auch, sich in die Welt des anderen hineinzuversetzen, aus der dieser kommt, und auch diese »Einfühlung« in den anderen wäre eine große Hilfe, im »Hier und Jetzt« zu bleiben, und sich nicht in einen Konflikt hinein zu manövrieren und eine mögliche weitere Konfliktspirale auszulösen.

Das Gesagte noch etwas konkreter und sozusagen in »Zeitlupenaufnahme«, wie es laufen könnte:

Frank kommt heim, ist sich dabei des Gefühlsgemischs, das er mitbringt, bewusst, und weil er sich dessen bewusst ist (»Beobachterposition«!), kann er auch bemerken, wie gestresst Doris aussieht. Das hat als erstes zur Folge, dass er seine Anliegen, also hier die Frage nach seinen Schuhen, zurückstellt. Vielmehr fragt er sie: »Was ist los mit dir, Doris? War was bei deiner Mutter?« Der Verlauf könnte dann ganz anders, erfreulicher, weitergehen. Und ähnlich umgekehrt: Wenn Doris für sich klar hätte, was die Begegnung mit ihrer Mutter und die Begebenheit mit dem Kind in deren Wohnung in ihr zurückgelassen hat, bekäme sie sofort einen gewissen Abstand dazu und würde die Freiheit gewinnen, auch auf die Situation von Frank zu achten: Sie könnte dann sehen, wie genervt und gestresst auch er aussieht. Dann würde sie vermutlich ihrerseits zuerst danach fragen, was mit ihm los ist, oder ihn jedenfalls mit ihrer gereizten Antwort verschonen, und auch in diesem Fall wäre der unnötige Konflikt vermieden, und dies wäre noch weitaus wahrscheinlicher als dann, wenn nur einer in dieser Situation um Achtsamkeit bemüht wäre.

Wenn wir aus unseren sehr verschiedenen »Welten« kommen, in denen jeder den Großteil des Tages verbracht hat, und uns so begegnen, treffen nicht nur wir als individuelle Personen zusammen, sondern auch immer diese zwei verschiedenen Welten, die uns immer noch bestimmen und die möglicherweise *gerade gar nicht gut aufeinander passen*. Jedem Leser fallen dazu wahrscheinlich viele solcher Situationen ein und auch viele Missstimmigkeiten, die sich für die Beziehung daraus ergeben haben. Das Erleben jedes Partners aus der Zeitspanne vor dem Zusammentreffen, bestimmt noch im gegenwärtigen Moment die Gestimmtheit, die Gefühlslage, die Gedanken und Fantasien eines jeden. Er ist eigentlich noch im »Dort und Damals« und nicht im »Hier und Jetzt«. Und daraus entstehen zahllose Konflikte in Partnerschaften, und wenn diese auch noch zentrale Konfliktmuster des Paares berühren, können sich daraus leicht jene »Teufelskreise« entwickeln, von denen wir zuletzt gesprochen haben. Um dies zu verhindern, braucht es – genau betrachtet – immer zweierlei: Achtsamkeit mit sich selbst und Achtsamkeit für den Partner.

Achtsamkeit für mich selbst heißt in diesem Zusammenhang: Dass ich bewusst wahrnehme: Was ist gerade bei mir »los«? Von welchen Gedanken, Gefühlen, Empfindungen bin ich gerade bewegt, besetzt, vielleicht sogar »besessen«? In dem Moment, in dem mir das bewusst ist, gewinne ich ein Stück Abstand dazu (»Beobachterposition«!) und damit auch mehr Freiheit im Umgang mit mir selbst. Ich komme ins »Hier und Jetzt« der Begegnung mit dem Partner. Gerade dadurch kann ich mich auf den anderen auch besser einstellen und besser auf mich und meine Reaktionen achten.

Und gerade dadurch wird *Achtsamkeit für den Partner* möglich: Das heißt, dass ich den anderen, wenn er auf mich zukommt, zunächst einmal »als anderen« wahrnehme: Wie kommt er/sie auf mich zu? Was für ein Gesicht macht er, wie bewegt er sich, was »strahlt er aus«? Und was sagt, äußert er/sie – und darauf kann ich dann meine »äußere Reaktion« ihm gegenüber einstellen.

Damit schaffen wir die Voraussetzung, auch heikle Situationen gut miteinander zu bewältigen, weil wir uns selbst die Möglichkeit schaffen, Rücksicht auf den anderen zu nehmen, ohne unsere eigenen Gefühle und Impulse dabei unbeachtet zu lassen oder einfach zu übergehen. Wir machen damit auch einen Schritt in die Welt des anderen hinein, indem wir die Welt des Partners in unsere Wahrnehmung und in unsere Reaktionen mit einbeziehen.

Das tut jeder Beziehung sehr gut. Denn der jeweils andere merkt dann: Der Partner/die Partnerin sieht wirklich *mich*, beachtet mich, sieht, dass es mir zum Beispiel gerade nicht gut geht, kann mal meinetwegen von eigenen Angelegenheiten absehen, fragt nach mir und öffnet sich für mich. Dies kann gerade in und durch heikle Situationen unsere wechselseitige Liebe sehr stärken, denn eines der tiefsten Bedürfnisse, das wir seit unseren ersten Lebenstagen haben, ist das Bedürfnis vom anderen »gesehen« zu werden. Das ist die Grundlage jeder wirklichen Beziehung und der Entstehung von echter Intimität.

Unterschiedliche »Systeme«

Mit dem Gesagten ist eine grundsätzliche Tatsache angesprochen: Wenn wir ein Paar werden, treffen nicht nur zwei Individuen, sondern *immer* auch zwei Welten aufeinander, und die sind, nicht nur in so speziellen Situationen wie die vorhin geschilderte, grundsätzlich sehr verschieden, weil jeder Partner ein »anderer« ist, verschieden geprägt durch Geschichte und Herkunft, auch wenn sich das liebende Paar unter dem Einfluss seiner Verliebtheit anfangs noch so sehr als »eins« erlebt – als »ein Herz und eine Seele«. Im weiteren Verlauf einer Beziehung wird die Unterschiedlichkeit aber spürbar, und eine der Hauptaufgaben der Paar-Werdung besteht dann darin, diese unterschiedlichen Welten in irgendeiner Form zusammenzuführen, sodass wir sie gegenseitig mehr verstehen und in ihrer Verschiedenheit auch als Bereicherung erleben können.

Mit dieser grundsätzlichen Unterschiedlichkeit haben wir Einiges zu tun: Denn zu uns als Individuen gehören ja immer auch die verschiedenen »*Systeme*«, deren Teil wir sind. Das heißt: Wir sind immer auch wie Fäden eines Netzes, das mit anderen Fäden in diesem Netz verknüpft ist, wodurch sie sich wechselseitig bei jeder Bewegung in ihren Grenzen und Möglichkeiten beeinflussen, ja sogar in manchem bestimmen – wie die verschiedenen Fäden eines Netzes. So ist es auch bei uns: Wir haben vieles durch unsere – oft sehr unterschiedlichen – Familientraditionen und Herkunftsfamilien in die Gegenwart mitgebracht, das unser Verhalten und unsere Gefühle in unserer jetzigen Beziehung sehr unterschiedlich beeinflusst. Auch als Mann und Frau gehören wir verschiedenen »Geschlechter-Systemen« an, dem männlichen »System« und dem weiblichen »System« mit ihren physischen und psychischen Unterschieden. Diese »Systeme« bleiben ja nicht nur außerhalb von uns, wir gehören ihnen an, sie prägen uns auch in unserer körperlichen und seelischen Realität. Das heißt nicht, dass wir keine individuelle Freiheit haben. Aber wir sind immer *auch* davon beeinflusst, einmal mehr von diesem, dann wieder vom anderen System, dessen Teil wir jeweils sind. Das gilt auch für uns als Paar, das sein Leben miteinander teilt: Jeder der Partner ist Teil von unterschiedlichen Systemen, gehört zu unterschiedlichen »Netzwerken«, von denen er unterschiedlich bestimmt ist. Dies verlangt von Partnern sehr viel an gegenseitigem Verstehen, gegenseitiger Einfühlung, Relativierung der eigenen Einstellungen. Wir bleiben bei aller Liebe auch »intimate strangers«: Fremde, die nahe beieinander leben, sich aber dennoch erst immer wieder erforschen müssen, um sich neu kennen zu lernen.

Über diese grundsätzlichen Unterschiedlichkeiten und Verschiedenheiten hinaus sind wir aber immer wieder auch noch situativ unterschiedlich, weil jeder immer wieder auch vorübergehend einer verschiedenen Welt angehört und ebenfalls davon geprägt und beeinflusst ist: Die Männer einerseits häufig von einer fast ausschließlichen Berufswelt, und die Frauen häufig von einer fast ausschließlichen Familienwelt. Oder wie es heute immer häufiger wird: Die Frauen von einer sehr komplexen Familien- *und* Berufswelt einerseits, und die Männer von einer immer totaler fordernden Berufswelt andererseits. Diese beiden Welten müssen, wenn Paare sich daraus kommend treffen, auch immer wieder erst in irgendeiner Form zusammengeführt oder auch hinter sich gelassen werden, damit es echten Kontakt zwischen den Partnern geben kann. »Zusammengeführt« kann zum Beispiel heißen: Man setzt sich zusammen und einer erzählt dem anderen, was er heute oder gerade eben noch erlebt hat. »Hinter sich lassen« könnte heißen: Man macht etwas Schönes miteinander, wodurch man die Erfahrungen des Tages – jedenfalls vorübergehend – in den Hintergrund treten lässt und sich so wieder neu als Paar begegnen kann. Damit will ich sagen: In den seltensten Fällen braucht diese »Zusammenführung« keine eigene Maßnahme. Von selber geht es meist schief. Man bleibt wie Frank in seiner Frage von seiner Berufswelt und Doris in ihrer Reaktion von ihrer Familienwelt bestimmt. Nötig ist immer auch die achtsame Frage: Was brauchst du, was brauche ich, damit wir aus unseren beiden verschiedenen Welten am Abend wieder in unserer Paar- und Familienwelt zusammenfinden?

Auch wenn es Partner geschafft haben, ihre beiden Welten grundsätzlicher Verschiedenheit (Männer- und Frauensystem, unterschiedliche Familiensysteme) gut zusammenzuführen, bleibt es eine immerwährende und immer wieder neue Aufgabe, die situative Unterschiedlichkeit der beiden Alltagswelten, aus denen sie immer wieder kommen und aus denen sie zusammentreffen, gut zu bewältigen. Auch hier geht es darum, sich bewusst zu machen: Welche »Welt«, aus der ich gerade komme, beeinflusst mich und in welcher Weise, und wie steht es mit der Welt des Partners, aus der er gerade kommt? Auch diese Art von Übung der »Achtsamkeit« braucht es, um aus eingefahrenen Bahnen und angewöhnten Sichtweisen herauszukommen, und immer wieder neu gemeinsame Paarwelten zu schaffen.

Dennoch erheben wir immer wieder bewusst oder unbewusst den Anspruch, der andere müsste von vornherein Teil meiner Welt sein, er müsste genau so sein, so denken und fühlen wie wir. Auf diese Weise »kolonialisieren« wir den anderen, wie M. L. Moeller (Die Wahrheit beginnt zu zweit) das treffend genannt hat, und Kolonialisierung hat über kurz oder lang Befreiungskämpfe der Kolonialisierten zur Folge. Damit will ich sagen: Ein Großteil der Kämpfe und Konflikte zwischen Partnern ist darauf zurückzuführen, dass jeder den anderen »sich gleich zu machen« versucht. Der eine sagt: »Das ist doch so!«, und der andere darauf: »Unsinn, das ist doch ganz anders, nämlich so!« Jeder versucht den anderen sich »einzugemeinden«, ihn zu kolonialisieren, keiner geht ein Stück auf Distanz zu sich selber, und keiner nimmt den Standpunkt des anderen ernst, indem er zum Beispiel sagt: »Erklär mir bitte, wie du dazu kommst, das so zu sehen, damit ich es verstehe!« Dies wäre der unabdingbare erste Schritt, selbst bei großer Unterschiedlichkeit der Einzelstandpunkte zu einer echten Annäherung oder Gemeinsamkeit zu kommen.

Achtsamkeit für »das ganze System«

Je mehr wir hingegen mit uns selbst in Kontakt kommen (*Achtsamkeit mit uns selbst*) und dabei merken, wie wir immer wieder die Tendenz haben, uns und unser Erleben, unsere Meinung, unsere Sichtweise absolut zu setzen, desto besser können wir uns dann auch auf den anderen einstellen und sein Anders-Sein kennen lernen (*Achtsamkeit mit dem anderen*). So gelingt es dann, *Achtsamkeit für das ganze »System«* zu entwickeln, das wir jetzt als Paar miteinander bilden und von dem jeder von uns »nur« ein Teil ist. Und dieser Teil gehört auch noch anderen »Systemen« an, von denen er geprägt wurde und darum »anders« ist als ich. Erinnern wir uns an Doris und Frank: Als Paar bilden sie *ein* System. Aber über die Unterschiedlichkeit als Frau und Mann, und über die Unterschiedlichkeiten durch ihre verschiedene Herkunft hinaus, sind sie auch noch deshalb unterschiedlich, weil sie im Moment ihres Zusammentreffens zusätzlich geprägt werden von der Unterschiedlichkeit der »Systeme«, aus denen sie gerade kommen, und den unterschiedlichen Spuren, die diese Systeme in ihnen hinterlassen haben. Dies will beachtet sein! Denn nur so wird eine befriedigende Beziehung möglich: Gemeinsamkeit, Einheit miteinander ist nur auf der Basis der Beachtung individueller Unterschiedlichkeit wie oben beschrieben zu erzielen.

Die Art und Weise, dieser Anforderung gerecht zu werden, ist wieder die Übung der Achtsamkeit: Durch Achtsamkeit mit mir selbst nehme ich mich, meine Eigenart und meine Unterschiedlichkeit vom anderen ernst und stülpe sie nicht einfach dem anderen über. Durch Achtsamkeit mit dem anderen beziehe ich diesen mit ein und werde seiner Eigenart und Unterschiedlichkeit gerecht. Und dies lässt uns immer wieder als Paar in Gemeinsamkeit zusammenfinden.

Achtsamkeitsübung

Sie können auch diese Übung allein machen. Dabei sind Sie dann aber sehr auf Ihre Fantasien über den Partner angewiesen. Darum ist es hier günstiger, die Übung von vorneherein zusammen mit dem Partner zu machen, vorausgesetzt, er/sie interessiert sich und beschäftigt sich ebenfalls mit dem Thema.

1. *Setzen Sie sich an einen Ort, an dem Sie ungestört sind, und nehmen Sie sich ausreichend Zeit. Nehmen Sie für einen Moment Kontakt zu sich selber auf – jeder für sich – spüren Sie Ihren Atem, Ihren Körper, Ihre Präsenz im Hier und Jetzt (Achtsamkeitsübung wie in Kap. 1 angeleitet).*
2. *Nehmen Sie zueinander Kontakt auf und erinnern Sie sich wieder an die »typische Konfliktsituation«, die Sie für die Übungen nach Kap. 2 und 3 gewählt haben – oder wählen Sie auch eine neue, in der Sie vielleicht arg aneinander geraten sind, und die deshalb noch drängend ist.*
3. *Für den weiteren Fortgang ist sehr wichtig: Distanzieren Sie sich jetzt innerlich von dieser Situation (»Beobachterposition«!) und vermeiden Sie dadurch, dass Sie gleich jetzt wieder »in sie hineingezogen werden«, anfangen sich zu verteidigen und dem anderen Schuld zuzuschieben. Vielmehr schauen Sie sich das damalige Geschehen nochmals wie einen Film an, der vor Ihnen abläuft: Mit sachlichem Interesse, Neugier und Wohlwollen (Erinnern Sie sich an das im 1. Kapitel Gesagte!)*
4. *Besinnen Sie sich darauf und erzählen Sie sich wechselseitig, wie die Situation war, aus der Sie damals gekommen sind, als Sie einander trafen, erkunden Sie Ihre beiden Welten, die hier in ihrer Verschiedenheit aufeinander gestoßen sind. Dabei kann es sein, dass Sie räumlich gesehen gar nicht weit voneinander entfernt, sondern vielleicht sogar im selben Haus waren, vielleicht in zwei be-*

nachbarten Zimmern, oder sogar im selben Raum. Dennoch kann jeder dabei in einer vom anderen verschiedenen Welt gewesen sein! Wenn Sie sich dies deutlich machen, beschreiben Sie einander wechselseitig Ihre damaligen »Welten«, und jeder hört dem anderen zu. Nur Verständnisfragen sind erlaubt, kein »Ja, aber …«

5. *Dann werfen Sie wieder einen Blick auf den damaligen Konflikt: Wie können Sie diesen verstehen aus diesen Verschiedenheiten? Können Sie so besser verstehen, warum Sie sich damals in die Haare geraten sind? Tauschen Sie das ausführlich miteinander aus. Denn Verstehen schafft Verständnis. Und Verständnis ist eine gute Grundlage für zukünftige Achtsamkeit in ähnlichen Situationen!*
6. *Sollten Sie über eine Situation gesprochen haben, die auch in dem Sinn typisch ist, dass es ein immer wiederkehrendes Zusammentreffen aus verschiedenen Welten heraus darstellt (Beispielsweise: Fünf Tage der Woche kommt »er« aus dem Büro, während »sie« den ganzen Tag mit Haushalt und Kindern beschäftigt war), können Sie sich jetzt auch noch darüber austauschen, welche Möglichkeiten es gäbe, diese häufig wiederkehrende Situation weniger konfliktträchtig zu gestalten. Möglichkeiten können sein: Der von außen nach Hause Kommende »darf« sich erst mal eine gewisse Zeit zurückziehen, bis er wirklich zuhause »angekommen« ist. Das erleichtert das Zusammenfinden nachher sehr. Oder: Wenn beide nach einem Tag oder auch längerer Zeit wieder zusammenkommen, setzen sie sich zuerst zu einer Tasse Tee oder Kaffee zusammen, tauschen sich aus über das, was jeweils war und was sie noch beschäftigt, und dann gehen sie erst zum »Hier und Jetzt« über. Achten Sie auch hier wieder auf diese zentral wichtige »Balance« von Ich und Du: Ich sage dir, was bei mir gerade los ist und was ich erlebt habe. Und: Ich interessiere mich dafür, was bei dir los ist und was du erlebt hast.*

5. Kapitel

Achtsamkeit mit unseren »wunden Punkten«

Ein weiterer Faktor, der es erschweren kann, dass Partner in bestimmten Situationen achtsam miteinander umgehen, ist – wie bereits bei den unterschiedlichen »Systemen« aus denen wir kommen, kurz erwähnt – die jeweilige *Vergangenheit* der beiden Partner, und zwar genauer gesagt, ihre Vergangenheit als Kinder in ihren *Herkunftsfamilien.* Dabei meine ich in diesem Zusammenhang vor allem die schwierigen Seiten dieser Vergangenheit. Denn diese machen uns in Beziehungen sehr oft zu schaffen. Kein Kind hat in seiner Herkunftsfamilie nur das Paradies erlebt. Auch wo im Großen und Ganzen alles gut gelaufen ist, sind Eltern ihren Kindern in gewissen Punkten nicht gerecht geworden – aufgrund eigener Begrenztheiten, aufgrund von Schicksalsschlägen, die sie nicht gut bewältigt haben, aufgrund eigener Probleme, die sie wiederum aus *ihren* Familien mitgebracht haben usw. So bringen wir alle aus unserer familiären Vergangenheit auch Narben, Wunden oder – wie ich es am liebsten nenne – *»wunde Punkte«* mit in die Gegenwart, und auch mit in die jetzige Beziehung. Diese wunden Punkte lassen uns empfindlich, ängstlich, ärgerlich reagieren, wenn der Partner daran rührt oder auch – oft ganz unbeabsichtigt – darauf stößt. Zur Achtsamkeit im Umgang mit dem Partner ist es demnach auch nötig, dass wir bei uns selber und beim Partner diese wunden Punkte kennen und berücksichtigen lernen.

Unsere »inneren Kinder«

Das Kind, das wir einmal waren, ist nicht verschwunden, es lebt in uns Erwachsenen heute noch fort. Denn wir haben die Erfahrungen von damals als unsere ersten und grundlegenden Erfahrungen gespeichert. Die Transaktionsanalyse spricht in diesem Zusammenhang von »Kindheits-Ich-Zuständen«, die jederzeit auch im heutigen Erwachsenenleben aktiviert werden können, und die Gesamtheit dieser Kind-Ich-Zustände bezeichnet sie abgekürzt als »Kindheits-Ich«, das mit »Eltern-Ich« und »Erwachsenen-Ich« die Gesamtheit unserer Person ausmacht (vgl. Steward/Joines 1990, 33–54). Ich spreche in unserem Zusammenhang, weil es anschaulicher ist, lieber von *»unserem inneren Kind«*, das in jedem von uns mit seinen Kindheitserfahrungen noch lebendig ist– auch mit seinen Narben und wunden Punkten. Das heißt: Wir sind an diesen Stellen auch heute noch – nach vielen Jahren – besonders empfindlich. Und zwar vor allem in der Partnerschaft. Denn die Beziehung zum Partner ist ja nach der Beziehung, die wir als Kinder zu unseren Eltern hatten, unsere engste Beziehung.

Ein häufiges Motiv vieler Menschen für ihre Partnerwahl ist aus diesem Grund, dass sie sich – oft unbewusst – gerade von diesem Mann, gerade von dieser Frau »Heilung« der Wunden ihres »inneren Kindes« versprechen, oder in der Anfangszeit ihre wunden Punkte gerade bei ihm/bei ihr besonders liebevoll aufgehoben erlebten. Darum ist die Enttäuschung dann besonders groß, wenn sie nun ausgerechnet von diesem Menschen erleben, dass er wieder in diese Wunde haut oder an sie stößt. Das tut dann besonders weh, verletzt uns tief und ist einer der häufigsten, wenn nicht *der* häufigste Grund für Partnerkonflikte und Trennungen.

In unseren Zusammenhang gestellt, heißt das: Wenn sich zwei Partner treffen, treffen nicht nur ihre beide verschiedenen Welten zusammen, aus denen sie gerade kommen, *es treffen sich auch ihre beiden »inneren Kinder«* mit ihren unterschiedlichen familiären Erfahrungen, und damit auch mit ihren unterschiedlichen »wunden Punkten«. An unserem Anfangsbeispiel sieht dies demnach – etwas schematisch – so aus:

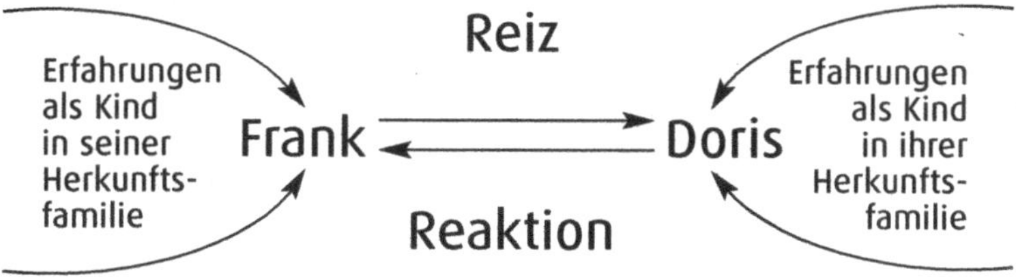

Abb. 4: Einflüsse aus den Herkunftsfamilien von Doris und Frank

Fantasieren wir unser Anfangsbeispiel hier also ein wenig weiter: Bei Doris haben wir schon einen Hinweis gefunden. Vor ihrer Begegnung mit Frank, so haben wir gesehen, hat die Mutter ihr Vorhaltungen gemacht, dass sie zu wenig für die Kinder sorge, weil sie »ja unbedingt berufstätig sein wolle«. Doris stammt demnach aus einer Familie, in der für die Mutter eigene Ambitionen und Vorstellungen der Tochter von einem eigenen Leben wenig Geltung hatten. Für sie war es nämlich – aus ihrem eigenen Rollenverständnis – klar, dass es auch für Doris als Frau nur *einen* richtigen Weg gäbe, nämlich Mutter zu werden und ganz für Kinder und Mann da zu sein. Vor diesem familiären Hintergrund von Doris zeigt ihre gereizte Reaktion auf Franks »harmlose« Frage an, dass er damit genau ihren »wunden Punkt« trifft! Nämlich: Nur als Mutter gesehen und damit genau wieder in die Rolle gedrängt zu werden, aus der sie sich doch mit Mühe und gegen die Vorstellungen und Wünsche ihrer Mutter und deren ganzer Frauen-Generation befreien musste und noch immer befreien will. Die Schärfe ihrer Reaktion (»Bin ich deine Mutter?«) legt das jedenfalls nahe.

Fantasieren wir hier den Fortgang der Kommunikation der beiden weiter, wie könnte sich das Ganze entwickeln? Frank ist sehr irritiert, ja er ist beleidigt, so dass er nicht sagen kann: »Oh entschuldige, das wollte ich damit nicht sagen!«, sondern eher reagiert er mit »Na, man wird doch noch eine so harmlose Frage stellen dürfen!« Wenn das so oder ähnlich abläuft, zeigt er, dass er sich durch Doris Bemerkung massiv zurückgestoßen fühlt, sodass bei ihm die Freude an dem bevorstehenden gemeinsamen Abend möglicherweise verdorben ist. Was kann man daraus ableiten? Dass Doris mit ihrer Reaktion nun ihrerseits einen wunden Punkt bei seinem »inneren Kind« erwischt hat. Frank scheint ja nach dem, was wir bisher von ihm wissen, ein sehr leistungsorientierter, pflichtbewusster Mann zu sein. Was ihn bei seinem Zusammentreffen mit Doris noch an Nachklängen aus seinem frustrierenden Berufstag so stark beschäftigt, deutet darauf hin. Er stammt möglicherweise aus einer sehr leistungsorientierten Familie, in der vor allem die Söhne immer zu »funktionieren« hatten. Der Vorwurf, dem nicht gerecht zu werden, könnte *sein* »wunder Punkt« sein. Und den trifft Doris genau mit ihrer »patzigen« Antwort (»Bin ich deine Mutter? Schau gefälligst selber nach deinen Sachen!«). Das ist vielleicht der Hintergrund, dass diese kurze Auseinandersetzung emotional eine so starke Wirkung hat.

Das »zentrale Konfliktmuster« der beiden, das aus ihrer Polarität »Versorgen – Sich versorgen lassen« entstanden ist, hat also noch einen Hintergrund, den wir bisher nicht bedacht haben und der hier deutlich wird: Wenn es Doris anfangs ihrer Beziehung so genossen hat, Frank versorgen zu können, hat sie es getan, weil sie das von ihrer Mutter her auch sehr gut konnte und gleichzeitig bei Frank aber keine Gefahr sah, dass er sie in die Mutterrolle drängen würde, weil auch für ihn immer klar schien, dass sie berufstätig sein sollte, wenn sie das wollte. Und Frank konnte es anfangs so genießen, versorgt zu werden, weil er von seinem familiären

Leistungsdruck her hier erstmals etwas ganz anderes erlebte, nämlich »einfach zu bekommen«, ohne dafür leisten zu müssen. Nun aber empfindet Doris immer mehr, dass sie die mütterliche Versorgerinnen-Rolle nicht mehr spielen will, und darum trifft Frank hier genau ihren »wunden Punkt«, wenn er anscheinend oder tatsächlich dieses Ansinnen an sie stellt, und er wiederum reagiert dann seinerseits besonders empfindlich, weil er in Reaktionen wie der von Doris den Vorwurf von »Pflichtvergessenheit« erlebt, wo er sich in allem doch so anstrengt, und weil ihm durch die Veränderung von Doris etwas verloren zu gehen droht, was ihm bisher in der Beziehung vor dem Hintergrund seiner in diesem Punkt sehr »kargen« Familie« besonders wichtig war …

So könnte es jedenfalls sein, und uns wird daran deutlich, wie sich familiäre Hintergründe und die wunden Punkte der inneren Kinder bis in ihre heutigen Beziehungen hinein auswirken. Das erschwert es natürlich zusätzlich, in Auseinandersetzungen achtsam zu bleiben, denn wenn ein wunder Punkt getroffen ist, reagieren wir reflexhaft defensiv oder aggressiv und treffen dabei oft auch genau den wunden Punkt des Partners, woraus sich dann leicht die typische, schwer zu stoppende Konfliktspirale entwickelt.

Die »wunden Punkte« erforschen

Aber wie kann uns das helfen, um mit der Beziehung zu unserem Partner achtsamer umzugehen? Bis jetzt wird ja nur deutlich, dass Achtsamkeit dadurch sehr erschwert wird, weil unter Umständen in einer so winzigen und alltäglichen Szene wie zwischen Frank und Doris zwei regelrechte »Familiendramen« aktualisiert werden! Wie kann uns das also helfen? Das Hilfreiche ist: Durch solche Erkenntnis – wie auch durch die Erkenntnisse der vorausgehenden Kapitel – wird *wachsende Bewusstheit* erreicht. Das heißt, dass wir aufmerksam darauf werden, was alles in unseren Aktionen und Reaktionen in Beziehungen eine Rolle spielt. Durch die wachsende Bewusstheit werden wir vor allem auf eines hingewiesen: Wie wichtig und nützlich es ist, bei uns selbst und bei unserem Partner die »wunden Punkte« unserer jeweiligen »inneren Kinder« *genau kennen zu lernen*. Wir können nur dann mit uns und mit dem Partner gut umgehen, wenn wir die kennen und darum vermeiden lernen, daran zu stoßen, und wenn es doch passiert ist, Verständnis für dessen Reaktionen haben.

Das ist nicht so schwer, wie es zunächst vielleicht manchem erscheinen mag. Wir waren nämlich schon einmal sehr hellsichtig und sensibel für die frühen Verletzungen unseres Partners, nämlich in der Zeit unserer Verliebtheit. Oft haben wir in dieser Zeit intuitiv erfasst, dass uns – trotz aller Unterschiedlichkeit und trotz aller heute oft erlebten schmerzhaften Distanz – ein im Grunde ähnliches Schicksal verbindet, selbst wenn die äußeren Umstände damals sehr verschieden waren. Dies scheint auch bei Doris und Frank so zu sein. Wenn es in ihren Herkunftsfamilien auch um verschiedene Themen ging – bei Doris um das Thema »eigenes Leben« und bei Frank um übertriebene Leistungsanforderungen, beiden ist dabei eine einschneidende Erfahrung gemeinsam: Als Kind wurde ich nicht einfach wohlwollend gesehen und geliebt als das Kind, das ich war, sondern die Liebe wurde an Bedingungen geknüpft. Bei Doris an die Bedingung: »Du darfst für dich selber nichts wollen – nur dann wirst du geliebt!« Bei Frank an die Bedingung: »Du musst erstklassige Leistung erbringen, nur dann wirst du geliebt.« In ihrer Anfangsliebe erleben dann solche Paare: »Da stellt einer/eine *keine* Bedingungen. Er/sie liebt mich einfach, weil ich *ich* bin!« Zudem spüren Partner oft in der Anfangszeit sehr genau die Liebes-Bedürftigkeit des Partners, was sie in ihrer Liebe nur noch mehr inspiriert: »Der andere ist bedürftig nach meiner Liebe, er braucht meine Liebe, ich bin imstande ihn/sie so zu lieben, wie er/sie es braucht!« Dies verbindet Paare oft sehr tief miteinander, auch solche, die sich nachher unter Umständen in grässliche Konflikte verwickeln.

Auf diese frühe Erfahrung, auf diese Sensibilität füreinander, die im Alltag der Beziehung dann oft verloren geht, können wir wieder zurückgreifen und damit wieder in Kontakt kommen. Nötig ist dafür allerdings, dass wir uns *für unser »inneres Kind« und sein Schicksal, sowie auch für das »innere Kind« des Partners und dessen Schicksal interessieren*, es »erforschen« und uns viel darüber miteinander austauschen. Was dafür sehr nützlich ist: Wenn wir die eigene Geschichte kennen lernen: Was waren häufige oder auch einschneidende Erfahrungen in meiner Kindheit, in meiner Familie? Welche Erinnerungen habe ich daran? Welche »typischen« Szenen steigen bei dieser Frage in mir hoch? Diese Erinnerungen sollten immer wieder auch Thema in unserem *Austausch als Paar* sein: »Ich interessiere mich für meine Geschichte und meine Kindheitserfahrungen – Und ich bin interessiert daran, von deiner Geschichte und deinen Kindheitserfahrungen zu hören!«

Diese Fragen sind meiner Erfahrung nach nie endgültig beantwortet und darum ist dieser Austausch auch *nie abgeschlossen*, und zwar aus folgendem Grund: Die Erfahrungen, die ich heute mache, zum Beispiel mit Aufgaben, die mir schwer fallen, mit Menschen, mit denen ich besonders leicht oder auch besonders schwer in Kontakt komme, Konflikte, die ich – vielleicht vollkommen überraschend – plötzlich erlebe, und dergleichen mehr, sie werfen immer wieder neues Licht auf unterschiedliche Situationen meiner Vergangenheit. Neue, überraschende Erfahrungen jetzt in der Gegenwart richten den Scheinwerfer der Aufmerksamkeit immer wieder auf verschiedene Aspekte unserer Erfahrungen damals, die ich bis dahin nicht beachtet habe. So ist auch die Vergangenheit nie ein für allemal abgeschlossen. Je nach meiner derzeitigen Situation zeigen sich immer wieder neue

Seiten meines damaligen Lebens und werden immer wieder neu aktuell. So kann es sehr sinnvoll sein, das Thema »unsere Vergangenheit« in der Beziehung immer wieder aufzugreifen und neue Erinnerungen oder neue Facetten dieser Erinnerung miteinander auszutauschen.

Mit anderen Worten heißt das: Partner brauchen eine Haltung dazu, die wir im ersten Kapitel bei der Beschreibung von Achtsamkeit als »*Forschergeist*« charakterisiert haben: Das lebendige Interesse an mir als Person mit meiner ganzen Geschichte, und das lebendige Interesse an dir als Person mit deiner ganzen Geschichte. Ohne diese wohlwollende *Neugier*, die einen Forschergeist auszeichnet, erstarren Beziehungen leicht und versinken in der Gewöhnlichkeit des Alltags: Ich meine, den anderen durch und durch zu kennen und verliere damit wichtige Seiten seiner Person und seiner Entwicklung aus den Augen, oder habe sie noch gar nie in den Blick genommen. Das lebendige Interesse an meiner und deiner Geschichte hingegen lässt uns immer wieder Neues aneinander entdecken!

Dabei ist eine dreifache *Gefahr* zu beachten: Erstens kann man das Wissen um die Vergangenheit des anderen diesem bei passender Gelegenheiten auch um die Ohren hauen: »Jetzt redest du wieder genau wie deine Mutter!« Oder Doris könnte Frank, wenn er wieder einmal voll in seinem Leistungsmuster funktioniert, vorwerfen: »Du klagst über den Druck, den dein Vater ausgeübt hat. Aber jetzt machst du genau dasselbe wie er mit dir!« Das ist dann kein liebevolles »Aufmerksam-Machen«, was in manchen Momenten ja auch hilfreich sein kann, sondern hier wird intimes Wissen um schlimme Erfahrungen des anderen *als Waffe gegen ihn benutzt*. Das ist dann keine Hilfe, sondern im Gegenteil besonders verletzend und entfremdet mehr voneinander als vieles andere.

Ähnlich destruktiv kann ich mit dem Wissen um schlimme Erfahrungen in meiner eigenen Kindheit auch *mit mir selber* umgehen: »Schon wieder mach ich so einen Scheiß! Als ob ich noch das kleine Kind von damals wäre!« Im ersten Fall gehe ich schlimm mit dem »inneren Kind« des Partners um, in diesem Fall schlimm mit meinem eigenen«. Als ein wichtiges Element von Achtsamkeit haben wir im ersten Kapitel »interessiertes Wahrnehmen ohne Urteilen«, ja »Wohlwollen« der wahrgenommenen Realität gegenüber genannt. Dieses Element der Achtsamkeit wird hier besonders aktuell. Das eigene »innere Kind« und das »innere Kind« des Partners brauchen jetzt mehr als alles andere dieses Wohlwollen, denn das hat ihnen, damals in den Herkunftsfamilien, genau in solchen oder ähnlichen Situationen besonders gefehlt.

Dieses »Wohlwollen mit meinem eigenen Inneren Kind« ist allerdings nicht damit zu verwechseln, was auch – dritte Gefahr – nicht so selten zu beobachten ist: nämlich das Wissen um die eigene Vergangenheit *als »Ausrede« oder »Selbstbemitleidung«* zu missbrauchen: »Ich kann ja nicht anders, denn schon damals wurde mir …« Damit drückt man sich um die eigene Verantwortung und die eigenen Entwicklungsaufgaben mit psychologisch verbrämten Argumenten herum, während echtes Wohlwollen und Verständnis mit sich selber eher gerade dazu motiviert, diese Aufgaben anzugehen.

Auch hier gilt wieder – ähnlich wie bereits für das im vorausgehenden Kapitel Ausgeführte: Wenn ich mit dem erwähnten wohlwollenden Forschergeist mein und dein inneres Kind besser kenne und weiß, in welchen Situationen diese beiden »inneren Kinder« aufeinander treffen und einander neuerlich zu verletzen drohen, bekomme ich ein weiteres »Instrument« an die Hand, Achtsamkeit zu üben. Situationen mit dem Partner, die mich schon oft geärgert haben oder mich ängstlich, abweisend usw. reagieren ließen, überrumpeln mich dann nicht mehr so leicht, sie werden eher ein Anlass, verständnisvoller mit mir selber und verständnisvoller mit dem Partner umzugehen. Das Wissen um die Verletzungen meines und deines inneren Kindes und um die Alltagssituationen, in denen wir daran stoßen, hilft somit sehr zum achtsamen Umgang miteinander!

Dazu und zu allem, was wir sonst in diesem Kapitel angesprochen haben, soll die folgende Übung helfen.

Achtsamkeitsübung

Als Einzelübung können Sie nur einen – allerdings wichtigen – Teil der Übung machen. Darum empfiehlt es sich, die Übung mit ihrem Partner/Ihrer Partnerin gemeinsam zu machen, oder sie jedenfalls in eine gemeinsame münden zu lassen, wenn Ihr Partner/Ihre Partnerin, auch bereit ist, sich mit diesem Thema zu befassen.

1. *Wählen Sie wieder einen ruhigen Ort und nehmen Sie sich genügend Zeit. Spüren Sie am Anfang wieder Ihren Atem, ihren Körper, Ihr Dasein im Hier und Jetzt. Blicken Sie wieder auf den typischen Konflikt, mit dem Sie sich bisher befasst haben oder einen ähnlich heftigen aus der letzten Zeit. Wenn Sie die Übung gemeinsam machen, müssen Sie sich dabei nicht mit dem Partner abstimmen, jeder kann »seinen« Konflikt wählen.*
2. *Machen Sie sich wieder Ihre Gefühle, Gedanken, Körperempfindungen und Handlungsimpulse bewusst, die in Ihnen in dieser Konfliktsituation durch Aktion oder Reaktion des Partners wach gerufen wurden.*
3. *Fragen Sie sich: Kenne ich ähnliche Gefühle, Empfindungen, Impulse aus Situationen als Kind in meiner Herkunftsfamilie? Wenn ja: Welche Situationen waren das, an welche Ereignisse erinnere ich mich, wo es mir sehr ähnlich ging, wo ich als Kind ähnliche Gefühle,*

Empfindungen, Impulse hatte? Wenn Ihnen das deutlich wird, sind Sie bei Ihrem »inneren Kind« angelangt, das heute noch in Ihnen lebendig ist und sich gerade in dieser Konfliktsituation wieder geäußert hat! Verweilen Sie dabei und fühlen Sie sich ein, wie es damals war, wie es Ihnen als Kind damals erging, und wie sich dieses Kind von damals in Ihnen auch heute wieder meldet, wenn sich Ähnliches ereignet.

4. *Begegnen Sie diesem Ihrem »inneren Kind« jetzt mit Wohlwollen! Bringen Sie ihm in dieser Situation Verständnis und Einfühlung entgegen: »Kein Wunder, dass es dir da so und so ergangen ist! Und dass du da diese und jene Gefühle und Impulse hattest! Und kein Wunder, dass du dich auch heute heftig meldest, wenn wieder diese wunde Stelle, dieser »wunde Punkt« bei dir berührt und verletzt wird!« Lassen Sie sich dafür genügend Zeit, verweilen Sie bei den Kindheitsszenen, und schauen, bzw. »fühlen« Sie immer wieder »hin und her« zwischen der heutigen Konfliktsituation und der Szene/den Szenen damals in Ihrer Herkunftsfamilie!*

Ab hier kann/soll die Übung eine Zweier-Übung werden, wenn Ihr Partner den ersten Teil ebenfalls gemacht hat und jetzt auch so weit ist.

1. *Dieser zweite Teil der Übung beginnt damit, dass Sie sich gegenübersetzen und sich schweigend für ein paar Momente in die Augen schauen. Versuchen Sie dabei, wenn möglich, in den Augen des anderen sein »inneres Kind« mit seinen Wunden, Narben und wunden Punkten zu »sehen«, zu »fühlen«. Dabei kann es sein, dass Sie dieses »innere Kind« des anderen sofort klar vor sich sehen oder es jedenfalls »ahnen«, auch wenn Sie noch gar keine ausdrücklichen Informationen darüber haben. Das ist eine gute, aber nicht nötige Voraussetzung*

für den weiteren Verlauf, wichtig ist, dass Sie »darauf eingestellt« sind, dem inneren Kind des anderen zu begegnen.

2. *Wenn Sie sich einige Momente in dieser Weise gegenseitig angeschaut haben, beginnt einer und erzählt dem anderen, was ihm von seinem »inneren Kind« und dessen Verletzungen in der Übung vorher deutlich geworden ist – so ausführlich und so konkret wie möglich. Achten Sie darauf, dass Sie den Kontakt zueinander dabei nicht verlieren und nehmen Sie deshalb immer wieder Augenkontakt zueinander auf. Der zuhörende Partner bemüht sich um große Aufmerksamkeit beim Zuhören und um »Mit-fühlen«. Nachfragen ist in Ordnung, nicht aber »Diskutieren darüber«!*
3. *Wenn der erste fertig ist, machen Sie für ein paar Momente Pause und schauen sich dabei wieder schweigend gegenseitig in die Augen. Gefühle, die dabei hoch kommen, dürfen sein, lassen Sie diese zu!*
4. *Dann ist der andere Partner dran: Ebenso wie in Punkt 2 und 3 geschildert.*
5. *Zum Schluss können Sie sich noch darüber austauschen, in welchen Situationen im Alltag heute Ihr »inneres Kind« besonders dazu neigt, verletzt, depressiv, wütend, traurig, ängstlich usw. zu reagieren, damit also ihre »inneren Reaktionen« bestimmt und sich entsprechend auch in »äußeren Reaktionen« dem Partner gegenüber Luft macht. Hier können Sie den Partner auch bitten, in diesen Situationen Verständnis für Sie und Ihr inneres Kind zu haben oder überhaupt in solchen Situationen besonders sorgsam mit Ihnen zu sein, also auf Ihr »inneres Kind« zu achten.*
6. *Machen Sie sich darüber hinaus aber auch klar: Es ist Aufgabe eines jeden Partners, auch selber für sein verletztes inneres Kind zu sorgen, sodass es in bestimmten Situationen des Alltags nicht mehr in unbedachten äu-*

ßeren Reaktionen die Handlungsregie übernimmt. Es muss beides zusammenkommen: »Selbstfürsorge« für das eigene innere Kind – sonst ist es eine Überforderung für den Partner. Und: Fürsorge für das innere Kind des Partners – sonst überfordere ich den Partner, weil er in einer so engen Beziehung wie der eines Paares auf dieses liebevolle Verstehen angewiesen ist.

6. Kapitel

Achten auf das Positive in der Beziehung

Zum achtsameren Umgang mit uns selbst, unserem Partner und unserer Beziehung haben wir es als hilfreich erkannt, uns zunächst überhaupt bewusst zu machen, dass »zwischen Reiz und Reaktion« immer ein Freiraum liegt, nämlich der Raum der Beachtung und Beobachtung unserer »inneren Reaktionen«, die vor unserer äußeren Reaktion liegen, wodurch wir dem »Zwang« entgehen, uns so oder so verhalten »zu müssen« (Kap. 2). Darüber hinaus hat es sich als nützlich gezeigt, zu erkennen, welches »zentrale Konfliktmuster« mit der entsprechenden Rollenpolarisierung es uns oft erschwert, die vorhandene Freiheit der Wahl auch zu nutzen (Kap. 3). Dann haben wir uns deutlich gemacht, dass unsere »verschiedenen Welten«, aus denen wir jeweils vor einer Begegnung miteinander oft kommen, dazu beitragen, dass unser zentrales Konfliktmuster wieder aktiviert wird, unsere »inneren Reaktionen« bestimmt und uns – auch in unangemessenen äußeren Reaktionen – »überrumpelt« (Kap. 4), und schließlich ist uns deutlich geworden, dass darin oft auch noch »wunde Punkte« unserer »inneren Kinder« vom Partner getroffen werden, die zusätzlich unsere Gefühle und Impulse so beeinflussen, dass es zu dieser »Überrumpelung« kommt (Kap. 5). Das alles ist gewiss sehr nützlich, um in der konkreten Situation nicht »überrollt« zu werden, sondern die schon öfter erwähnte Beobachterposition im Geschehen einzunehmen, damit in eine gewisse Distanz zum Geschehen zu gehen und so wieder die Freiheit zu erringen, die uns angemessen erscheinende Reaktion selbst zu wählen.

Dabei ist allerdings eine Gefahr für die Achtsamkeit in der Paarbeziehung noch nicht berührt: Dass wir vor lauter Achten darauf, wo es schwierig wird, in eine gewisse *»Problem-Trance«* geraten, das heißt, dass wir nur noch dahin schauen, wo es schwierig wird oder werden kann, nur noch auf diese Stellen »starren«, und auf diese Weise – mangels Alternativen – unter Umständen gerade wieder da hineingeraten. Das allerdings wäre dann kontraproduktiv.

Darum wollen wir in diesem Kapitel den Blick bewusst und ausdrücklich von den problematischen Situationen weg und auf die positiven Seiten, auf die »Potentiale« unserer Beziehung lenken. Dies zu tun, ist ebenfalls eine wichtige Facette der Achtsamkeit in der Paarbeziehung. Denn wenn wir uns angewöhnen, den Blick immer wieder auch auf die positiven Seiten an unserer Beziehung zu richten, hat dies zur Folge, dass sich *die Grundstimmung unserem Partner gegenüber verbessert.* Das heißt, wir sorgen auf diese Weise dafür, dass sich in unserem Inneren auch positive Beeinflusser unserer Gefühle, Gedanken, Impulse und Körperempfindungen etablieren, die ein Gegengewicht gegen die negativen inneren Reaktionen auf unseren Partner darstellen und so dazu beitragen, dass diese nicht übermächtig werden und unsere äußeren Reaktionen hauptsächlich bestimmen. Was heißt das nun konkret, und wie können wir damit ebenfalls unseren Freiheitsraum zwischen Reiz und Reaktion vergrößern?

Was wir wahrnehmen

Zunächst eine mehr allgemeine Überlegung: *Wir haben keine wirklich »objektive« Wahrnehmung, sondern eine selektive, das heißt auswählende.* Das kann gar nicht anders sein, sonst würden wir von all den Reizen, die ununterbrochen auf uns einströmen, völlig überflutet und könnten uns nicht mehr orientieren. Aber nach welchen Kriterien wählen wir aus? *Wir nehmen vor allem wahr, worauf unser Interesse gerichtet ist.* Unsere Wahrnehmung ist Interessen-geleitet. Wenn jemand bestätigt haben will, »dass die heutige Jugend nichts taugt«, dann fällt ihm nur das Fehlverhalten von jungen Leuten auf, aber was von ihnen gut gemacht wird, und wo sie Erstaunliches leisten, oder auch Zeitungsinformationen über derartiges blendet er aus.

Außerdem kommt hier eine nach Persönlichkeitstypen unterschiedliche Eigenschaft zum Tragen, wie sie in einem bekannten Spruch zum Ausdruck kommt: Der Optimist sieht den Käse, der Pessimist sieht nur die Löcher darin. Oder: Für den Optimisten ist das Glas halb voll, für den Pessimisten ist dasselbe Glas halb leer. Beide Wahrnehmungen sind zutreffend, denn beide erfassen jeweils eine Seite der Wirklichkeit. Aber was sie an Gefühlsreaktionen zur Folge haben, kann sehr unterschiedlich, ja gegensätzlich sein: Der Optimist erlebt aufgrund seiner Wahrnehmung Freude, der Pessimist erhält auf Grund der seinen eine Bestätigung seiner negativen Einstellungen. Wenn das so ist, ist die Konsequenz daraus, dass wir unserer Wahrnehmung und unserer Reaktion darauf nicht einfach ausgeliefert sind, sondern etwas dazu tun können, welche Seiten der Wirklichkeit für uns »wahr« werden, welche Farben sozusagen die Wirklichkeit für uns annimmt. Derjenige, der nur die Löcher im Käse und das Glas halb leer sieht, für den wird sie eher dunkel gefärbt sein, für den anderen, der den schmackhaften Käse »um die Löcher herum« und das Glas halb voll sieht, eher hell und bunt.

So ist es auch in der Beziehung: Wenn wir nur auf die Konflikte schauen, wird es immer dunkler, wenn wir – jedenfalls auch – die positiven Seiten sehen, fällt mehr Licht darauf, sogar in Zeiten wo wir es schwierig miteinander haben, weil wir dann nicht allein auf diese Schwierigkeiten fixiert sind. Ob das eine oder andere »Wirklichkeit« für uns wird, das entscheidet sich nicht an einer »objektiven Realität«, sondern daran, worauf wir unsere Aufmerksamkeit richten. *Wir können also auch etwas tun*, um die Gefahr zu vermeiden, nur die schwierigen Seiten unserer Beziehung zu sehen und damit die ganze Beziehung als »schwierig« erscheinen zu lassen.

Diese Erkenntnis kommt auch in heutigen Therapieformen zum Ausdruck: Die sogenannte Hypnotherapie spricht in diesem Zusammenhang von »Problemtrance«. Wenn man nämlich nur auf die Probleme schaut, auch in der besten Absicht, diese zu lösen, ist es sehr wahrscheinlich, dass man von ihnen hypnotisch fixiert wird, sodass man sie eher verstärkt, als der Lösung näher zu kommen.

Bevor wir konkreter darauf eingehen, noch ein paar Bemerkungen zu einem Einwand, der manchem Leser/mancher Leserin hier kommen mag: Achtsamkeit haben wir doch als das charakterisiert, was das Gegenteil von »Interessen-geleitet« darstellt, nämlich als »Realistisch das wahrnehmen, was ist«. Die Wahrnehmung bewusst auf das Positive lenken – ist das nicht ebenso das Gegenteil zu »Achtsamkeit«, so wie »sich vom Negativen fixieren lassen«? Dieser Einwand ist »an sich« richtig, nicht aber vor dem Hintergrund dessen, was sehr häufig geschieht: Erfahrungsgemäß werden wir – auch wenn wir noch so um eine Haltung der Achtsamkeit bemüht sind – dennoch immer wieder von all jenen Faktoren in unseren inneren und äußeren Reaktionen bestimmt, von denen wir bisher gesprochen haben, und lassen uns so eher vom Negativen fixieren. Darum ist die Übung, unsere Wahrnehmung immer wieder bewusst auf die positiven Seiten zu lenken, so etwas wie die *Schaffung eines »Gegengewichts«* gegen das Überhandnehmen negativer Sichtweisen. Diese Übung, die Aufmerksamkeit auf das Positive zu lenken, bedeutet also nicht, auszublenden, was es an Negativem und Problematischem in unserer Beziehung gibt. Es bedeutet vielmehr, »auch die anderen Seiten zu sehen« – und damit gerade die »ganze« Realität unserer Beziehung wohlwollend ins Auge zu fassen. Dann werden wir *uns* gerecht und werden dem Partner gerecht, nehmen also die *ganze* Realität in den Blick!

Positives wahrnehmen und mitteilen

Eine erste Übung in der Wahrnehmung der »ganzen« Realität unserer Beziehung besteht darin, dass wir uns für einige Zeit vornehmen, bewusst darauf zu achten, *was uns heute den Tag über am Partner auch positiv auffällt.* Weil wir das leicht übersehen oder vergessen, kann es nützlich sein, dies z.B. in einem kleinen Heft schriftlich festzuhalten. Wichtig dabei ist: Es muss nichts Großes und es muss nichts Besonderes sein, auch winzige und alltägliche »Kleinigkeiten« sind wichtig. Es können auch Eigenschaften, Verhaltensweisen, Äußerlichkeiten usw. sein, die keineswegs neu sind, sondern schon immer waren und auch immer wieder vorkommen, die wir aber, weil sie Alltag geworden sind, gewöhnlich nicht mehr bemerken oder jedenfalls ansprechen: Das kluge oder liebevolle Verhalten des Partners anderen, zum Beispiel den Kindern, Verwandten, Bekannten, gegenüber, das Aussehen des Partners, Kleidung, Frisur, Auftreten, seine Pünktlichkeit, wenn wir verabredet sind, sein Eifer beim Reparieren des Wasserhahnes oder sein Geschick und seinen guten Geschmack beim Herausfinden des richtigen Mobiliars für das neu einzurichtende Zimmer – und dergleichen unendlich viel mehr. Es sollen auch nicht nur Dinge sein, die uns heute *besonders* auffallen, sondern und gerade auch solche, die uns nur deshalb »auffallen«, weil wir eben unsere Aufmerksamkeit darauf richten.

Es geht dabei nicht nur – und dies ist sehr zentral – ums »Bemerken«, sondern es geht als zweites dann auch darum, es dem Partner gegenüber *deutlich zu äußern.* Denn in der Beziehung wird nur das real und wirklich, was auch zum

Ausdruck gebracht wird, sodass es der andere durch uns auch wieder spürt. Gerade dann, wenn das Bemerken der positiven Seiten in unserer Beziehung eher außer Gebrauch geraten ist, ist das sehr wichtig, damit dieses Positive auch tatsächlich wieder als Realität auftaucht – in meinem Bewusstsein und im Bewusstsein des Partners – und so die Atmosphäre der Gesamtbeziehung positiv beeinflusst. Das ist wichtig, denn nur so werden die negativen Gefühle, die sich vielleicht dem andern gegenüber angesammelt haben, angemessen relativiert.

Solche Kleinigkeiten mitzuteilen, die uns am Partner immer wieder oder heute besonders gefallen, ist für die Gesamt-Atmosphäre einer Beziehung nicht zu unterschätzen. Wenn es geschieht, ist es, als ob immer wieder zwischendurch aus Trübheit oder dichtem Gewölk ein Sonnenstrahl auf das gemeinsame Leben fallen würde, selbst dann, wenn wir es durch die Umstände gerade gar nicht leicht haben.

So mancher wird dabei merken, dass es ihm gar nicht so leicht fällt, *die angemessenen Worte dabei zu finden*. Wir haben es häufig tatsächlich verlernt, dem Partner Nettes zu sagen. Es kann darum nötig sein, dass man sich zunächst und in der ersten Zeit der »Übung« sogar regelrecht Formulierungen dafür zurechtlegen muss, bis das Äußern positiver Dinge wieder mehr zur – guten – Gewohnheit geworden ist: »Dein Lachen gefällt mir!« »Das machst du wirklich sehr geschickt!« »Prima passt das!« und vieles Ähnliche mehr. Es ist keine Schande, sich solche Formulierungen im Vorhinein zu überlegen. Es ist ein Lernprozess für notwendige Facetten unserer Kommunikation, die wir ver-lernt oder auch nie erlernt haben.

Und wenn wir die »Empfangenden«, also diejenigen sind, die positive Resonanz vom Partner erhalten: So mancher muss es auch wieder lernen, *Lob und Anerkennung überhaupt anzunehmen*. Ich kann das Positive, das vom Partner zu mir rüber kommt, dadurch regelrecht zunichte machen, dass ich es abwerte: »Ach, das ist doch nichts Besonderes«, oder: »So gut war das gar nicht« und dergleichen mehr. Oder auch dadurch, dass ich es nicht-reagierend durch Stummheit einfach übergehe, sodass sich die positive Rückmeldung irgendwo im Nebel verliert .... Damit das Positive »Wirklichkeit« in unserer Beziehung wird, ist es auch zentral wichtig, *dass es »Resonanz« findet, dass wir es – für den anderen spürbar – annehmen*: »Das freut mich!« »Danke, dass du mir das sagst!« »Schön, das von dir zu hören!« und Ähnliches mehr. Auch hier kann es wichtig sein, mir die entsprechenden, zu mir passenden Formulierungen regelrecht im Vorhinein zurechtzulegen, damit sie mir im konkreten Fall auch einfallen und zur Verfügung stehen.

Für den Fall, dass dieses Mitteilen positiver Beobachtungen deshalb immer wieder »versickert«, weil man dafür im Tagesverlauf keine Zeit findet, entweder weil untertags kein Platz dafür zu sein scheint oder auch, weil es im Alltag immer wieder untergeht, möchte ich folgende Anregungen geben: Man legt ein Heftchen an, das man bei sich trägt oder leicht zugänglich deponiert. In dieses trägt man zeitnah ein, was einem am anderen heute oder in den letzten Tagen positiv aufgefallen ist, oder was man immer wieder gut findet, auch wenn es einem heute nicht in einem bestimmten Ereignis begegnet ist. Dadurch allein schafft man bei sich erhöhte Aufmerksamkeit auf das Positive beim Partner. Das Heftchen erinnert zudem daran: Mitteilen ist wichtig! So fällt es leichter, dieses nicht zu vergessen. Außerdem hilft es, dabei sehr konkret zu sein. Eine weitere Hilfe ist es, sich im Vorhinein zu überlegen: Welche Zeiten am Tag oder in der Woche sind die günstigsten für solche Mitteilungen? Das tägliche gemeinsame Abendessen oder der gemeinsame Spaziergang am Samstag oder der freie Mittwochnachmittag usw.? Auch dies hilft, hier die Mitteilung des Positiven an den Partner zu »verankern« und sich dadurch wieder daran zu erinnern. Außerdem: Weniger kann mehr sein. *Eine* positive Bemerkung über den Partner und an ihn, kommt oft überzeugender bei ihm an und kann auch leichter von ihm angenommen werden, als eine ganze Latte von Lob und Anerkennung. Schließlich gilt auch hier: Wenn die Mitteilungen wiederum von beiden Seiten erfolgen und nicht immer nur von einer, wird konfliktträchtige Einseitigkeit vermieden, und auch hier eine echte Balance beider Partner geschaffen. Dadurch entsteht außerdem wechselseitige Verstärkung für die Zukunft, ganz ähnlich wie bei negativem Austausch, nur hier in positiver Richtung.

Positive Erinnerungen

Eine weitere Möglichkeit, den Bereich unserer »inneren Reaktionen« positiv zu beeinflussen und eine realistische Balance zwischen »positiv« und »negativ« herzustellen, besteht darin, dass wir uns immer wieder einmal ausdrücklich *auf Zeiten und Orte in unserer Beziehung besinnen, in und an denen wir es schön miteinander hatten*. Oft können Paare sehr schöne Urlaube miteinander verbringen, obwohl sie sich im Alltag häufig in die Haare geraten. Wenn dies der Fall ist, dann hat diese Beziehung meiner Meinung nach dennoch eine gute Grundlage. Wenn dies nämlich nicht so wäre, würden sie sich gerade im Urlaub, in dem sie ja noch enger zusammen leben und mehr miteinander konfrontiert sind als im Alltag, noch schlechter verstehen, und es würde zu noch größeren Konflikten kommen. Wenn es aber nicht so ist, wenn sie es in dieser freien Zeit gut miteinander haben, dann ist das ein Zeichen, dass es mit der Beziehung nicht wirklich schlecht steht, sondern die Beziehung eine gute Grundlage hat. Allerdings wird diese im Alltag durch Gewöhnung, Hetze, Arbeitsbelastung und damit gegebene »Reibungsflächen« oft verdeckt. Die »Glut«, die noch glimmt, wird von den Ascheschichten der alltäglichen Querelen verdeckt und entzündet sich nicht mehr. Wir Menschen haben aber die gute Fähigkeit, *Vergangenes durch Erinnerung wieder gegenwärtig zu machen.*

Viele Paare fotografieren oder filmen im Urlaub. Sich diese Fotos oder Filme von Zeit zu Zeit auch im Alltag wieder anzusehen und sich darüber auszutauschen, was sie da erlebt haben, kann ein wunderbares Mittel zur Vergegenwärtigung dieses schönen gemeinsamen Erlebens sein. Überhaupt lohnt es sich, auch abgesehen von Urlauben, Zeiten und Orte, in denen und an denen es gut war miteinander, nicht einfach in der Vergangenheit verschwinden zu lassen. Fotos an den Wänden oder Erinnerungsstücke in den Regalen, die wir täglich sehen und mit denen wir immer wieder in Berührung kommen, können das »An-Denken« an diese Zeiten und damit auch an immer noch vorhandene »Ressourcen« unserer Beziehung in unserem Bewusstsein halten.

Die Zeit der Verliebtheit

Dieses Vergegenwärtigen der positiven Vergangenheit kann auch noch ausgedehnt werden, und damit kommen wir zu einer weiteren Möglichkeit, das Positive unserer Beziehung wieder stärker zu spüren: Wenn wir uns manchmal ausdrücklich auch *auf die Zeit unserer Verliebtheit besinnen.* Sicher waren wir damals auch unrealistisch, blendeten vielleicht aus Verliebtheit manche weniger positiven Eigenschaften unseres Partners aus, die uns jetzt zu schaffen machen. Sicher übertrieben wir damals manches im Licht unserer ersten Liebe, sicher »wollten« wir uns Heilung unserer »wunden Punkte« vom Partner versprechen und haben darum manches an ihm positiver gesehen als es war. Dennoch, die Verliebtheit ist nicht, oder jedenfalls nicht nur eine Zeit der Illusionen. Sie ist vielmehr auch eine *Zeit besonderer Hellsichtigkeit.* Wir erfassten damals intuitiv, dass und warum wir beide »zusammenpassen«, wir erfassten auch unsere eigenen Potentiale und die des Partners – vielleicht übertrieben – aber anderseits auch besonders klar. Und darum ist die Erfahrung der tiefen Verbundenheit, die wir in dieser Zeit gemacht haben, keine Illusion, jedenfalls nicht nur, sondern Realität, jedenfalls auch. Das heißt aber: Wenn wir sehr ineinander verliebt waren, ist wahrscheinlich von diesem Grundgefühl auch heute noch etwas vorhanden, das uns immer noch tief verbindet, wenn wir es nicht ausblenden oder durch zu viele Alltags-Asche-Schichten überdecken.

Freilich – und dies muss als Einschränkung gesagt werden: Es kann auch sein, dass diese Liebesgrundlage *im Laufe unserer bisherigen Beziehung* durch zu schlimme Verletzungen und Kränkungen *zerstört* wurde. Davon handelt das folgende Kapitel 7 über den achtsamen Umgang mit vergangenen Verletzungen. Viel häufiger aber ist die Glut von damals noch vorhanden, nur eben von der »Asche« des Alltags überdeckt: Durch Unachtsamkeiten, den Kleinkram des Alltags, die kleinen Querelen, die täglichen Reibungen. Darum kann es unsere Beziehung sehr verlebendigen, wenn wir uns ab und zu auf diese Zeit der Verliebtheit wieder besinnen. Ich erlebe das immer wieder eindrucksvoll in Therapiestunden: Die Stimmung im Raum zwischen zwei sehr verärgerten Partnern verändert sich schlagartig, wenn ich die beiden nach den Erfahrungen miteinander am Anfang ihrer Beziehung frage und davon erzählen lasse. Ihre »Problemtrance« ist mit einem Mal verschwunden, die Augen leuchten, wenn sie sich anschauen, die Verliebtheit ist – jedenfalls für einige Momente – wieder da!

Vor dem Abschnitt »Achtsamkeitsübung« möchte ich zum Abschluss dieses Kapitels nochmals den Zusammenhang zum Gesamtthema »Achtsamkeit in der Partnerschaft« deutlich machen. Wir sind davon ausgegangen, wie häufig es geschieht, dass wir beim Zusammentreffen mit dem Partner Worte wählen und/oder Verhaltensweisen zeigen, die der Situation und unserem Gegenüber nicht angemessen sind, weil wir das Hier und Jetzt nicht beachten und noch unter dem Einfluss anderer Faktoren aus Vergangenheit und/oder Zukunft stehen. Und es ging immer wieder darum, was wir tun können, um wohlwollend-achtsam in diese Gegenwart, ins Hier und Jetzt zu kommen und im Kontakt damit die angemessene Reaktion zu wählen. Dies schließt natürlich nicht aus, sondern im Gegenteil ein, dass wir Negatives, das uns möglicherweise in diesem Moment vom Partner entgegenkommt, ebenso deutlich wahrnehmen wie Neutrales oder Positives. Das Positive, die Ressourcen der Partnerschaft beachten, heißt demnach nicht, diese eventuell kritischen Punkte, die vielleicht gerade jetzt – in dieser Begegnung – aktuell werden, zu übersehen oder positiv zu »übertünchen und so um jeden Preis »positives Denken« zu praktizieren. Dies wäre ein großes Missverständnis in der Achtsamkeits-Praxis. So sollen die Ausführungen dieses Kapitels keinesfalls verstanden werden. Die Beachtung auch des Positiven in unserer Beziehung, wie ich sie in diesem Kapitel dargelegt habe und im folgenden Abschnitt auch konkret anleiten werde, sollen jedoch eine Möglichkeit eröffnen, die Bedeutung der negativen Erfahrungen generell zu relativieren: Denn ich komme dadurch immer wieder in eine positivere oder jedenfalls ausgeglichenere Grundstimmung dem Partner gegenüber, aus der heraus sich einzelne Negativ-Erfahrungen relativieren. Ich werde durch einzelne negative Erlebnisse mit dem Partner nicht sofort auch auf eine negative Reaktion fixiert, vielmehr wird so eine Grundlage dafür geschaffen, in die »Beobachterposition« zu gehen und zu wählen: Wie will ich jetzt reagieren, oder will ich das Thema vielleicht erst später in einer konstruktiven Weise aufgreifen und dergleichen. Um mich für einen solchen Umgang in der konkreten, aktuellen Situation des Zusammentreffens mit dem Partner zu rüsten, dazu hilft mir die generell stärkere Beachtung der auch positiven Seiten unserer Beziehung, wie ich sie in diesem Kapitel deutlich gemacht habe.

Achtsamkeitsübung

In der ersten Übung geht es um das gegenwärtig aktuell vorhandene, aber oft zu wenig beachtete Positive in unserer Beziehung, in der zweiten um das Positive in der Vergangenheit unserer Beziehung, das in der Gegenwart oft nicht mehr zur Wirkung kommt.

1. *Den Blick auf das vorhandene Positive in der Gegenwart richten*
   Man kann diese Übung natürlich unterschiedlich variieren. Im Unterschied zu der auf S. 49 beschriebenen Vorgehensweise, wähle hier die am stärksten strukturierte und damit »ritualisierte« Form.

   a. *Wir – mein Partner und ich – vereinbaren, dass wir uns in der nächsten Zeit öfter Positives sagen werden, das wir unter der Woche jeweils am anderen bemerkt haben. Es sollen drei bis fünf Dinge sein, nicht mehr und nicht weniger, die wir uns ausdrücklich rückmelden. Das kann alles sein, angefangen von »Äußerlichkeiten« wie Aussehen, Kleidung, Frisur usw. über Handlungs- und Verhaltensweisen bis hin zu Eigenschaften und Charakterzügen der Person des anderen.*
   b. *Wenn es hilfreich ist, kann jeder dafür ein eigenes kleines Heft anlegen, in dem er seine Beobachtungen im Laufe der Woche festhalten wird.*
   c. *Wir vereinbaren dann einen bestimmten Abend, am besten gegen Ende jeder Woche. Wir sorgen dafür, dass wir da von außen nicht gestört werden. Wenn wir uns treffen, geht jeder erstmals wieder für ein paar Momente zu sich, nimmt Kontakt zu seinem Atem auf, spürt sich und seinen Körper hier in der Gegenwart und im Gegenüber zum Partner. Dann*

achten wir darauf, dass wir im darauffolgenden Gespräch einander gegenüber sitzen und immer wieder Augenkontakt miteinander haben (»Im Kontakt der Augen berühren sich die Herzen«!). Dann beginnt einer von uns beiden (beim nächsten Mal empfiehlt sich ein Wechsel):

d. Ich sage meinem Partner, was mir an ihm in der letzten Woche Positives aufgefallen ist, in der vereinbarten Weise drei bis fünf Beobachtungen. Ich sage, wann und wo mir das aufgefallen ist und benenne es nicht nur mit einem Wort, sondern beschreibe es konkret und ausführlich. Der Partner hört nur zu, vermeidet Abwertungen und Abschwächungen (»Ach, so toll war das doch nicht…«), vielmehr achtet er darauf, das Gehörte einfach anzunehmen, ja es regelrecht »einzuatmen« und die Gefühle, die es in ihm auslöst, deutlich wahrzunehmen. Wenn der Sprechende fertig ist, sagt der Hörende lediglich: »Danke, dass du mir das gesagt hast«.

e. Dann ist der bisher Hörende dran und sagt seine Beobachtungen in derselben Weise, wie eben geschildert

f. Am Schluss können beide Partner dem Geschehen noch etwas nachfühlen und es vollends bei sich ankommen lassen. Achten Sie darauf, das Gehörte »stehen zu lassen« und nicht durch kritische oder skeptische Fragen im Nachhinein noch abzuschwächen oder zu zerstören. Die folgende Zeit des Abends verbringen Sie wie geplant oder gewohnt.

2. Den Blick auf das vorhandene Positive aus der Vergangenheit richten
Ich beschreibe im Folgenden nur eine Übung, nämlich jene, die sich auf die Zeit der Verliebtheit bezieht. Wenn von dieser Zeit Bilder oder Filme vorhanden sind, kön-

nen wir uns die zur Einstimmung ansehen. Wichtig aber ist, es dabei nicht bewenden zu lassen, sondern dann die folgende Paar-Übung anzuschließen. Man sollte sie – anders als die vorausgehende – nur in größeren Zeitabständen, zum Beispiel zu besonderen Anlässen (Hochzeitstag, Jahreswechsel) machen, sonst verliert sie ihr besonderes Gewicht.

a. Wir wählen einen ungestörten Ort und nehmen uns etwa eine Stunde Zeit. Zunächst geht jeder wieder ganz zu sich, zu seinem Atem, fühlt seinen Körper, nimmt sich und dann den Partner im Hier und jetzt wahr.

b. Jeder nimmt Augenkontakt zum andern auf. Nicht zu weit weg voneinander sitzen, sondern so, dass beides möglich wird: Augenkontakt zueinander und den anderen ganz in seinem »Da-Sein« wahrzunehmen. Jeder geht nun in die Vergangenheit zurück und erinnert sich an die Zeit der Verliebtheit. Wo war das? Wie war das? Wie habe ich mich gefühlt? Was hat mich vom anderen besonders beeindruckt? Was ist von ihm bei mir angekommen und hat mich wie berührt? Ich lasse mir dafür Zeit!

c. Ich achte auch darauf, ob und wie ich das auch jetzt noch, hier und jetzt am Partner und von ihm ausgehend sehen, spüren, erleben kann. Gibt es davon noch etwas (und was?), das hier und jetzt, wenn ich ihn so anschaue, noch spürbar, erlebbar für mich ist? Wir verweilen einige Zeit (3 bis 5 Minuten) in diesem wortlosen Schauen und Nachfühlen.

d. Daraufhin tauschen wir uns aus. Wir berichten einander, wie es uns in dieser Übung ergangen ist, was wir am anderen gesehen, von ihm gespürt haben, und eventuell auch, wo und wann in unserem Zusammenleben wir Ähnliches noch jetzt immer wieder spüren und fühlen. Achten darauf, dass wir den Augen-

kontakt nicht verlieren. Gefühle dürfen sein! Wenn sie hochkommen, zulassen!

e. *Wenn das Gespräch zu Ende geht, nehmen wir uns noch für ein paar Augenblicke Zeit, das Gehörte und Erlebte nachklingen zu lassen. Danach ist die Übung beendet.*

7. Kapitel

Achtsamkeit im Umgang mit Verletzungen: Verzeihen lernen

Nach dem Blick auf die Pflege der Ressourcen unserer Paarbeziehung, müssen wir noch einmal zu einem »Problemthema« zurückkehren, weil dieses im konkreten Leben von Paaren, wie ich in Diskussionen und Therapien immer wieder erfahre, doch eine recht große Rolle spielt: Verletzungen, die wir einander in der Vergangenheit zugefügt haben, die einer dem anderen oder beide einander aber nicht verziehen haben und die darum unsere Beziehungsqualität in der Gegenwart immer noch negativ beeinflussen und den achtsamen Umgang miteinander erschweren, vor allem dann, wenn unser typisches Konfliktmuster angesprochen ist und/oder unsere »wunden Punkte« getroffen sind.

Die Auswirkungen unverziehener Verletzungen in der Begegnung mit dem Partner sind ein Spezialfall dessen, worüber wir hier schon mehrfach gesprochen haben: Im gegenwärtigen Dialog miteinander bestimmt ein Ereignis der Vergangenheit das Geschehen: die »inneren Reaktionen« des Verletzten – Erinnerungen an »damals« und daraus Gefühle von Schmerz, Wut und Rache – und daraus folgen wie »automatisch« seine »äußeren Reaktionen«, wie Rückzug, Zurückweisung, Vorwürfe: »Und schon damals hast du ...« Der »Verletzer« von damals steht solchen Vorwürfen des Versetzten heute hilflos gegenüber, denn das Geschehen von damals kann er ja nicht ungeschehen machen. Damit aber bleibt die Angelegenheit für das Paar unabgeschlossen und unbewältigt – und stört weiter das Zusammenleben. Was kann die Übung der Achtsamkeit hier helfen? Das ist unsere Fragestellung für das folgende Kapitel.

Ich will die Antwort darauf *am Beispiel eines Paares* schrittweise entwickeln: Othmar und Anne sind heute ein Paar Mitte Vierzig. Sie haben relativ früh geheiratet und rasch hintereinander zwei Kinder bekommen. Aufgrund eines Stellenwechsels von Othmar zogen sie in eine andere Stadt. Othmar war nicht sehr selbstbewusst und trieb deshalb einen Riesenaufwand, um sich in der neuen Arbeit zu bewähren, was seine Kräfte vollständig von der Familie abzog. Anne meinte auch deshalb, nicht an eine eigene berufliche Laufbahn denken zu können, aber mit den kleinen Kindern allein zu Hause und mit wenig Ansprache an Othmar war sie ziemlich unglücklich. Um ein wenig rauszukommen, nahm sie an einem »Elternkurs« teil – und verliebte sich Hals über Kopf in den Sozialpädagogen, der hier sein Praktikum absolvierte. Othmar, den gewisse Auffälligkeiten im Verhalten Annes schon irritiert hatten, kam dahinter, als er »zufällig« im Tagebuch seiner Frau blätterte. Er stellte sie zur Rede, und es wurde klar: Seit einem Monat unterhielt sie zu diesem Freund auch eine sexuelle Beziehung, wenn eine Babysitterin abends auf die Kinder aufpasste, weil sie angeblich beim »zweiten Teil« des Elternkurses war … Othmar war zutiefst getroffen, wütend und enttäuscht, eine Mischung von allen möglichen Gefühlen, wie er es bisher bei sich gar nicht gekannt hatte. Anne war schuldbewusst, verteidigte sich aber auch: »Du warst ja nie da, ich habe mich völlig allein gelassen gefühlt …!« – Wie sollte es nun weitergehen? Für Anne war klar: Sie wollte und konnte die Existenz der Familie nicht aufs Spiel setzen, sie selbst hatte keinen Beruf, ihr Freund war einiges jünger als sie und noch in Ausbildung, selbst wenn sie eine Trennung gewollt hätte, das alles hätte keine Zukunft gehabt. Also brach sie die Beziehung ab, und man machte miteinander weiter. Für Othmar aber war das

Vorgefallene ein schwerer Schock. Er sah sich verraten, wo er sich doch so abgemüht hatte, Anne und der Familie eine sichere Existenzgrundlage zu schaffen. Außerdem hatte die Affäre sein ohnehin nicht sehr starkes männliches Selbstbewusstsein noch mehr lädiert. So bemühte er sich zwar, jetzt zuhause mehr präsent zu sein und Anne bei den Kindern zu entlasten, aber wenn sie mal Meinungsverschiedenheiten hatten und er sich über seine Frau ärgerte, kam ihm immer wieder ihre Untreue von damals hoch. Oder auch, wenn sie ihn für irgendetwas dringend brauchte: Da spürte er das unwiderstehliche Bedürfnis, sie auch mal richtig »hängen zu lassen«. In Konfliktsituationen, vor allem, wenn sie etwas vergaß und eine Abmachung nicht eingehalten hatte, kam ihm schnell der Vorwurf über die Lippen: »Ja, ja, das kennen wir ja schon. Du bist halt unzuverlässig. Schon damals hast du …« Dies führte unweigerlich in eine scheinbar nicht mehr anzuhaltende Konfliktspirale hinein, denn Anne, die ihr »Unrecht« ja schon oft zugegeben hatte, fühlte sich einerseits hilflos und andererseits ungerecht behandelt, was sie nun ärgerlich machte und ihrerseits auspacken ließ: »Und du, was hast du damals … und heute … und gestern …«

Wie kann eine solche Situation bewältigt werden? Und was könnte die Übung der Achtsamkeit hier dazu beitragen?

Unterscheidung von Gegenwart und Vergangenheit

Gehen wir zunächst auf die Seite von Othmar, denn von ihm vor allem hängt, so werden wir noch genauer sehen, die Lösung des Problems ab: Achtsamkeit heißt für ihn *als erstes*, bei sich selbst zu unterscheiden: Was ist jetzt, und was war damals? Jetzt ist zum Beispiel, dass Anne vergessen hat, beim Einkauf seinen Anzug, den er morgen für eine Sitzung mit ausländischen Kollegen bräuchte, aus der Reinigung abzuholen: Das ist der »Reiz«, von dem ich in den vorausgehenden Kapiteln mehrfach gesprochen haben. Welche »inneren Reaktionen« löst das bei Othmar aus: Zunächst verständlichen Ärger. Dieser verbindet sich aber – und hier beginnt das Problem – mit einem Ereignis, das schlechthin nichts mit ihrem Seitensprung von damals zu tun hat. Die Gefühle darüber – Wut, Ärger, Enttäuschung – verbinden sich aber mit dem Ärger über die jetzige Situation. Daraus folgen als »äußere Reaktion« von Othmar Vorwürfe, Vorhaltungen, Gekränktheit, die in keinem Verhältnis zur jetzt geschehenen Unachtsamkeit Annes – das Versäumnis, den Anzug abzuholen – stehen, und deshalb beginnt sich die sinnlose Konfliktspirale zwischen den beiden zu drehen, womit sich beide das Leben schwer machen, weil sie immer wieder in solch harmlosen Situationen in Gang kommt. Achtsamer Umgang damit würde als erstes bedeuten, dass sich Othmar – vielleicht noch nicht in der Situation selbst, jedoch zunächst in der Rückschau auf den letzten Konflikt – das bewusst macht. Wenn ihm das gelingt, würde es ihm leichter, auch in der Situation, in der seine Erfahrung von damals angesprochen wird, die bekannte *»Beobachterposition«* sich und seinem Verhalten gegenüber einzunehmen und damit den ersten Schritt eines achtsamen Umgangs mit Verletzungen der Vergangenheit zu machen!

»Unfinished Business«

Damit würde ihm – *zweiter Schritt* – weiter klar: Hier ist etwas »unabgeschlossen«. Fritz Perls, der Begründer der Gestalttherapie, sprach in solchen Zusammenhängen von einem »unfinished business«, einem »unabgeschlossenen Geschäft«, das sich immer wieder »meldet« wie eine unbezahlte Rechnung, die »keine Ruhe« gibt, weil immer wieder und immer dringlichere Mahnungen im Postkasten liegen … Der Seitensprung, das verletzende Ereignis ist vergangen, aber Othmar kann es nicht in der Vergangenheit »versinken« lassen, weil da »etwas« unabgeschlossen geblieben ist. Aber was ist das?

Es erschien den beiden damals notwendig, ihr Zusammenleben wie bisher fortzusetzen. *Etwas Wichtiges ist aber dabei übergangen worden.* So taucht es jetzt immer wieder auf: In den Gefühlen von Othmar, in seinen neuerlichen Vorwürfen an Anne. Aber nochmals: Was ist das, was übergangen wurde? Würde – ermöglicht durch einen »achtsamen« Blick aus der Beobachterposition in der Gegenwart auf das Geschehen in der Vergangenheit – diese Frage von Othmar gestellt, wäre er jetzt noch einen Schritt weiter und damit auch einer Lösung nochmals näher: *Das damals »Nicht Abgeschlossene«, damals »Übergangene« muss jetzt ins Auge gefasst werden.* Damit ist er, sind wir beim zentralen Punkt, von dem aus allein die Bewältigung einer solchen Verletzung möglich wird, angelangt.

Was wurde damals übergangen?

Auf diese Frage die Antwort zu finden, das wäre nun *der dritte Schritt.* Diese Frage kann nur der Verletzte selbst – also in unserem Beispiel Othmar – beantworten. Als erstes würde ihm vielleicht kommen: »Ich war gekränkt damals – und bin es eigentlich noch immer!« Was hat ihn so gekränkt? »Sie hat mein Bemühen, meine Anstrengung für die Familie missachtet! Sie hat keine Rücksicht auf mich genommen! Statt ihren, zugegeben auch mühseligen Teil zum Ganzen beizutragen, ist sie egoistisch ihren eigenen Bedürfnissen nachgegangen, während ich mich wirklich für sie und die Kinder verausgabt habe!« Othmar würde hier – wie es oft geschieht – lauter Dinge sagen, die das Verhalten Annes als »ungerecht« disqualifizieren. Er strengt sich an, sie geht »ihrem Vergnügen nach!« Das stimmt aus seiner Sicht, obwohl es freilich die Situation Annes von damals nicht mit einbezieht. Und: Es ist auch aus seiner Sicht noch nicht das Eigentliche. Wenn Othmar sich weiter erforschte, würde er spüren: Das Eigentliche ist, »dass sie mit ihrem Seitensprung unsere Liebe verletzt hat! Sie hat die Liebesbeziehung aufgekündigt! Und sie hat drei Wochen lang so getan, als würden wir uns noch so lieben wie früher. Da habe ich mich von ihr wirklich betrogen gefühlt! Das hat mir am allermeisten weh getan!«

Nun sind wir beim Eigentlichen: Im Erleben von Othmar hat Anne *die Liebe verletzt!* Das hat Othmar am tiefsten getroffen, und das ist es, was in solchen Fällen, die später immer wieder hochkommen, immer der Fall ist: Die Liebe wurde verletzt. Darum hat es auch nichts genützt und nützt es nichts, wenn der »Verletzer«, also in unserem Fall die »untreue« Anne, sich noch so sehr bemüht, das Vorgefallene durch späteres »Wohlverhalten« und Sonderleistungen durch Mehrarbeit wieder auszugleichen. Ausgleichen kann man »bloße« Ungerechtigkeiten: Wenn ich zum Beispiel im Haushalt zu wenig getan habe, verstoße ich gegen die Partnerschaftlichkeit einer Beziehung, kann das aber durch spätere »Mehrarbeit« wieder ausgleichen. Aber wenn ich die Liebesbeziehung verletzt, im Erleben des anderen die Liebesbeziehung aufgekündigt habe? Da sind wir beim eigentlich »Unerledigten«, das übergangen wurde: Othmar hat sich durch Annes Verhalten in seiner Liebe verletzt gefühlt. Das wurde aber nie angesprochen, das hat sich Othmar auch selbst nie bewusst gemacht, darüber sind beide hinweggegangen, weil der Alltag scheinbar sein Recht verlangte. Das ist das eigentliche »unfinished business«, das in der Gegenwart deshalb immer wieder auftaucht, weil es seit damals nicht wieder aufgegriffen wurde, weil die »Aufkündigung« der Liebe von damals immer noch im Raum steht.

Verzeihen

Wenn die Liebe verletzt wurde: Wie kann das wieder gut gemacht werden? Hier stoßen wir auf die zentrale Frage, um die es geht. Othmar spürt ja, dass Anne das versucht – mit ihrem Engagement, mit ihrem im Allgemeinen gezeigten »Wohlverhalten«. Und gleichzeitig merken beide: Damit ist es nicht »wegzubringen«. Es taucht immer wieder auf! Die Verletzung der Liebe ist eben eine andere »Schuld«, als wenn ich dem anderen Geld, oder Engagement oder dergleichen »schuldig« geblieben bin: Geld kann ich zurückgeben, Engagement kann ich nachholen: Dann sind wir wieder quitt! Aber wenn ich durch Untreue die Liebe verletzt habe? Wie soll ich das, was soll ich da »zurückzahlen«?

Wenn Othmar Anne den Seitensprung immer wieder direkt oder »durch die Blume« vorhält, sucht er ja auch nach einem solchen Ausgleich: Sie soll endlich etwas tun, was die Verletzung von damals kompensiert. Und Anne bemüht sich ja auch genau darum, wenn sie alles zu seiner und der Kinder Zufriedenheit zu tun versucht und eigene Ansprüche zurückstellt. Aber es gelingt nicht: Die Vorwürfe kommen bei Othmar immer wieder hoch, sodass sich bei Anne allmählich auch immer häufiger Ärger einstellt: »Was soll ich denn noch alles tun, damit er endlich …« Die Geißel ihrer »Schuld« bleibt und quält beide weiter und bringt sie unweigerlich in die »Spirale« von Anklage, Verteidigung und Gegen-Anklage hinein.

Hier wird ganz deutlich, und das spürt Othmar auch, ohne sich dem wirklich zu stellen – und damit sind wir beim *vierten Schritt*: Eine Verletzung der Liebe kann nicht ausgeglichen werden, es sei denn *durch das Verzeihen des Verletzten*, also dadurch, dass er, Othmar, Anne verzeiht (Jellouschek 2009a, S. 71–90 u. 2009b, S. 163–172). Solange Othmar erwartet, Anne müsste und könnte irgendetwas tun, um ihr »Vergehen«

von damals aus der Welt zu schaffen, wird die Belastung von damals in Othmar bleiben und so auch die Beziehung weiter belasten. Othmar muss verzeihen, muss seine Verletztheitsgefühle, seine Wut darüber, seine Kränkung bewusst und ausdrücklich *loslassen,* sonst kann es nie wieder gut werden zwischen beiden und sie werden sich weiter und weiter quälen – oder sie müssen sich, was ja auch nicht so selten passiert, schließlich trennen!

Achtsam umgehen mit Verletzungen, die ich vom anderen erlitten habe, heißt also, mir klar zu werden: Die Verletzung, die ich damals empfunden habe, kann niemand aus der Welt schaffen außer ich selber, nämlich indem ich verzeihe, und das heißt, indem ich es dem anderen nicht mehr nachtrage, sondern es loslasse. Anders werde ich die Kränkung nicht los. Dies ist der entscheidende Schritt im Umgang mit Verletzungen. Nur so kann eine Liebesbeziehung wieder hergestellt werden und das Geschehen von damals in der Vergangenheit versinken.

Was braucht es zum »Loslassen«?

Jetzt höre ich meine Leser/-innen fragen: Ja, und wie soll das gehen? Darauf kann man schlicht nur antworten: Dadurch, dass sich der Verletzte, also in unserem Beispiel Othmar, *dazu entscheidet*. Verzeihen ist ein Akt des Willens! (Kämmerer 2002) Einwand: »Leichter gesagt als getan!« Ja, das ist wahr! Nehmen wir darum an, Othmar versucht es, diese Entscheidung zu fällen – und er merkt: Es geht nicht! Ich schaffe das nicht! Wenn er das merkt, ist es an der Zeit, das Thema nicht in der Vergangenheit zu lassen, sondern es jetzt in der Gegenwart *nochmals ausdrücklich aufzugreifen* – und damit kommen wir zum 5. Schritt: »Du, Anne, ich merke, dass mir das von damals immer wieder hochkommt, immer noch zu schaffen macht! Ich will das nicht mehr. Ich möchte das hinter mir lassen! Bitte sei einverstanden, dass wir uns nochmals damit befassen, vielleicht geht es dann«. Dies wird Anne zwar einerseits unangenehm sein, aber andererseits ist sie wahrscheinlich auch erleichtert, denn sie merkt ja, dass das immer wieder und immer noch ihre Beziehung und sie beide belastet.

Dies muss also der nächste, *fünfte Schritt*, sein: Wenn der Verletzte merkt, er kriegt es nicht los, – vergessen geht nicht, sich drüber erhaben fühlen, gelingt nicht, sich selber verurteilen, weil man es noch nachträgt, bringt nichts, verzeihen aber schaffe ich auch nicht – dann ist es an der Zeit, es nochmals *zum Thema in der Beziehung zu machen*, auch wenn es noch so lange zurückliegt.

Gegenseitiges Verstehen

Worauf es im *sechsten Schritt* ankommt ist, miteinander nochmals in die Zeit von damals zu gehen, sich anzuschauen, wie es damals »passiert« ist und was genau »passiert« ist. Wie war meine Situation, wie war damals deine Situation? Othmar könnte sagen: »Weißt du, ich war damals so unsicher, ich habe so einen Druck verspürt, mich zu bewähren, dass ich alle meine Kraft in den Job gesteckt habe. Ich habe dich zweifellos zu sehr mit allem allein gelassen, das sehe ich. Aber ich war ohnehin schon so verunsichert durch die neuen Aufgaben im Job und habe mich *auch* sehr allein gefühlt. Und da hat mich das dann furchtbar verletzt, als es rauskam …« Und Anne könnte sagen: »Ja, *du* warst allein, *ich* war allein, wir waren beide sehr allein. Und für mich war es eben was ganz Tolles, dass da ein junger, vitaler Kerl sich so eingehend für mich interessierte. Ich hab gemeint, ich brauche jetzt so was. Und da habe ich mich eben darauf eingelassen. Mir ist in der Zwischenzeit schon auch klar geworden, wie verletzend das damals für dich gewesen sein musste, als es rauskam.« »Ja, ich habe mich, als ich das entdeckte, richtig betrogen, hintergangen gefühlt. So, als hättest du hinter meinem Rücken unsere Beziehung aufgekündigt. Das war für mich das Allerschlimmste, dieser Vertrauensbruch! Ich stand plötzlich ganz allein da!« Anne: »Ja, das kann ich verstehen. Ich habe halt gemeint, ich könnte das geheim machen, dann wäre es wie nie geschehen. An eine Trennung von dir habe ich eigentlich nie wirklich gedacht.«

Die beiden reden also hier nochmals miteinander mit dem wechselseitigen Bemühen, mit dem heutigen Blick ihre jeweilige damalige Situation zu verstehen. Dabei ist zu beachten:

a. Sie machen sich in diesem Gespräch *keine Vorwürfe und keine Gegen-Vorwürfe*! Keiner von beiden spielt das arme »Opfer« und beschuldigt den anderen als bösen »Täter«. Sie schildern jeweils ihre Situation und betrachten diese auch jeweils aus der Sicht des anderen. Und: Sie haben dafür eine Gelegenheit gewählt, zu der zwar ein aktueller Konflikt Anlass war, in der sie aber nicht mehr darin verwickelt sind, sondern zu der sie einen gewissen emotionalen Abstand haben. So können sie das damalige Geschehen leichter aus einer gewissen Distanz betrachten, beide aus der bekannten »Beobachterposition«. Das schafft *gegenseitiges Verständnis*. Jeder kann sich verständlich machen und jeder merkt: Der andere sieht mich auch in meiner Situation damals!
b. Auch der Verletzte, also in unserem Fall Othmar, sieht *Anteile bei sich selbst*, die dazu beigetragen haben, dass es zu dem Seitensprung gekommen ist. Das entlastet Anne. So kann sie, die »Untreue«, auch das Verletzende ihres Handelns sehen und »muss« nicht in eine neuerliche Verteidigungsposition ausweichen. Bei sehr vielen geschehenen Verletzungen ist dies der Fall: Auch der verständli-

cherweise Verletzte hat seinerseits häufig einen Beitrag dazu geleistet, dass die Verletzung geschah. Wird dies auch anerkannt, erleichtert das den Versöhnungsprozess sehr.

c. Etwas weiteres in diesem Gespräch kann das Verzeihen zusätzlich sehr erleichtern und zu einer nachträglichen Versöhnung wesentlich beitragen: Wenn der, der verletzt hat, also hier Anne in unserem Beispiel-Dialog, deutlich macht, dass sie damit die *Liebes-Beziehung zum andern nicht aufkündigen* wollte, oder jedenfalls jetzt wieder zu dieser Beziehung steht. Denn das ist ja der tiefste Grund der seither bestehenden Zweifel beim Verletzten, bei Othmar: »Will sie mich denn wirklich noch? Damals hat sie doch ...«
   Oft braucht es gar nicht mehr, als dieses neue gegenseitige Verstehen, damit Verletzten Verzeihen und dem Paar nun Versöhnung möglich wird.

Um Verzeihung bitten und verzeihen

Um dies aber »ein für allemal« quasi festzumachen, können meiner Erfahrung nach noch zwei weitere Schritte (*Schritt sieben* und *Schritt acht*) hilfreich sein: Wenn wir sagten, verletzte Liebe lässt sich nicht durch irgendeine Leistung des Verletzers, also in unserem Fall des »Untreuen«, ausgleichen, wie verletzte Gerechtigkeit ausgeglichen werden kann, dann heißt das ja : Der/die Untreue oder »Täter/-in« ist auf das Verzeihen des Verletzten, des »Opfers« angewiesen. Dies kann dadurch zum Ausdruck kommen und erleichtert dem Verletzten das Verzeihen in der Regel sehr, dass der/die Untreue das auch ausspricht: Dass er/sie das Verhalten damals heute bedauert und dass er/sie den anderen deshalb *um Verzeihung bittet.*

Ebenso hilfreich für beide kann es sein, wenn der damals

Verletzte seinen *Entschluss zum Verzeihen auch ausdrücklich in Worte fasst.* Dadurch wird der Entschluss in der Beziehung greifbare Wirklichkeit für beide. Es ist auch hier so, wie wir es beim Achten auf das Positive in der Beziehung (Kap. 6) erwähnten haben: Damit etwas in der Beziehung im vollen Sinn Realität wird, muss es auch in Worte gefasst werden.

Der Dialog zwischen Othmar und Anne könnte etwa so weitergehen: Anne sagt zu Othmar: »Ja, ich sehe, dass ich dich damals sehr verletzt habe. Und ich möchte dir sagen: Ich will die Beziehung zu dir, ich steh' dazu! Es tut mir heute leid, dass ich das damals getan habe! Verzeih mir bitte!« Und Othmar könnte darauf erwidern: »Das tut mir gut, wenn du das sagst! Ja, ich entscheide mich jetzt: Ich verzeih dir! Es ist jetzt gut zwischen uns!« Oft kommen Paaren an dieser Stelle die Tränen in die Augen. Sie schauen sich an, geben sich die Hand oder umarmen sich. Zum ersten Mal, oft seit langer Zeit, spüren sie wieder echte Nähe zueinander!

Was ich an diesem fiktiven Dialog, der aber schon oft von Paaren, mit denen ich gearbeitet habe, ähnlich geführt wurde, deutlich machen wollte: Der Verletzte muss einerseits selbst den Schritt des Verzeihens tun. Aber der, der die Verletzung verursacht hat, in unserem Beispiel die Untreue, kann andererseits dem Verletzten diesen Schritt sehr erleichtern, wenn sie ihr »Angewiesen-Sein« auf Verzeihung durch die entsprechende Bitte deutlich macht. Nun ist Versöhnung geschehen. Was jahrelang zwischen ihnen stand, ist beseitigt. Das, was damals übergangen wurde, ist jetzt nachgeholt. Die Chance, dass es sich nicht bei jedem neuen Konflikt wieder in den Vordergrund drängt, ist damit groß, und die Wahrscheinlichkeit, dass der damals Verletzte beim nächsten Konflikt imstande ist, achtsam zu bleiben und nur auf das Hier und Jetzt zu reagieren, statt immer noch und wieder die damalige Verletzung mit hinein zu mengen, ist sehr viel größer geworden.

Ergänzungen

Ich möchte noch einige wichtige Ergänzungen anfügen:

1. Wir haben öfter von ***Rachegefühlen* und *Rachebedürfnis*** des Verletzten gesprochen. Es lohnt sich, das auch zu beachten. Denn es zeigt sich dann: Auch der Gedanke und die Impulse des Verletzten, Rache für das ihm Angetane zu nehmen, zeigt das Bedürfnis nach »Ausgleich« an: »Er/sie hat mir das angetan, soll er/sie jetzt dafür büßen! Ich zahle es ihm/ihr heim!« Als Bedürfnis ist das anzuerkennen, aber es ist wichtig, auch zu sehen, dass Rache als eine Art »Ausgleich im Bösen« letztlich zu nichts führt. Denn durch Rache*taten* des Verletzten fühlt sich der andere nur seinerseits wieder verletzt und reagiert wahrscheinlich mit denselben »Waffen«. Die Folge sind in den meisten Fällen dann die sattsam bekannten »Rosenkriege« und »Konfliktspiralen«.

Außerdem: Das »Opfer« von damals – also im Fall unseres Beispiels Othmar – hat sich tatsächlich – und man kann das nachfühlen – ***als Opfer gefühlt***, also »am Boden zerstört«, auf jeden Fall in einer »unterlegenen Position«. Das Gefühl von Rache oder noch mehr das tatsächliche »Rache-Handeln« (zum Beispiel durch üble Nachrede oder finanzielle Sanktionen) verleiht scheinbar wieder Stärke und Macht. Es hilft ein Stück weit aus der unterlegenen Position heraus. Aber es ist dann keine »gute Position«, die ich so erreiche, sie führt nur in entsprechende Gegenmaßnahmen hinein, von denen niemand wirklich etwas hat.

Das heißt aber: Der konstruktive Umgang mit Verletzungen der Liebe braucht etwas, das heute nicht im Ansehen steht: *Es braucht Demut.* Demut des Verletzten, der sich eingestehen muss: Es war tatsächlich eine schlimme Verletzung meines Innersten, meines Herzens, und mit dem Einnehmen von Machtpositionen dem »Täter« gegenüber lässt sich hier gar nichts erreichen! Und Demut dessen, der verletzt hat, des

Verletzers: Er muss sich sagen: Herausreden bringst gar nichts, Begründungen, warum was so oder so sein »musste«, schaffen die Verletzung nicht aus der Welt. Ich muss eingestehen: Ja, ich habe verletzt, ja ich bin schuldig am anderen geworden. Und damit es wieder gut wird, bin ich angewiesen auf das Verzeihen des anderen – und nichts anderes!

Schließlich: Oft werden Rache*gefühle* gar nicht zu Rache-*Taten*. Der Verletzte ergeht sich – abgesehen von kleineren »Gemeinheiten«, die er dem anderen antut – lediglich in der Fantasie darin. Auch in diesem Fall ist nichts gewonnen. Der ehemals Verletzte macht sich nämlich dadurch das eigene Leben zusätzlich schwer, weil er sich mit lauter negativen Gedanken belastet. *Verzeihen befreit auch den Verletzten* zu einer unbeschwerteren Zukunft, er macht dadurch auch sein eigenes Leben glücklicher!

2. Ein Gedanke, der für den, der verletzt hat, wichtig für sein »Eingeständnis« ohne »Ja, aber« sein kann: Ob ich dem anderen etwas angetan habe oder nicht, das hängt nicht von meinem bösen Willen ab, und *nicht von meiner bewussten Absicht, ihm etwas anzutun*. Ich kann am anderen auch durch Unachtsamkeit, Unwissen, eigene Begrenztheit und Unfähigkeit schuldig werden. Man könnte ja bei Anne in unserem Beispiel sagen: Aus ihrer Situation damals – allein in der fremden Stadt mit zwei kleinen Kindern und mit einem Mann, der sich von seiner Arbeit vollständig absorbieren ließ – war es ihr »Notausgang«, sich auf die andere Beziehung einzulassen. Auch wenn man das anerkennt, so sie hat seinerzeit Othmar dennoch etwas Schlimmes angetan, vor allem, wenn man auch *seine* damalige Situation, seine Verunsicherung durch den neuen Job, betrachtet. Ob ich den anderen verletzt habe, hängt nicht in erster Linie von meiner Absicht ab, sondern davon, wie es beim anderen angekommen ist!

3. Dem widerspricht nicht, dass auch der, der verletzt wurde, sich achtsam fragen sollte: Steht die Schwere der Verletzung, die ich empfunden habe, *in einem stimmigen Verhältnis zur »Tat« des »Täters«?* Im Fall solcher Verletzungen wie der Untreue von Anne in der damaligen Situation von Othmar, ist das wohl keine Frage. Aber wenn zum Beispiel ein aus Ungeduld herausgerutschtes lautes Wort des Mannes die Partnerin jedes Mal schon »zutiefst verletzt« – sollte diese sich diese Frage wirklich stellen! Das heißt: Die Gefühle von Verletztheit kommen *auch* aus »eigenen Anteilen« des Verletzten, für die er selber auch eine Verantwortung trägt. Es lohnt sich darum für ihn, auch zu fragen: Was ist mein eigener Anteil an meinen Verletztheitsgefühlen, was mein »eigenes Thema« darin? Othmar in unserem Beispiel tut das übrigens auch: Er reflektiert seine eigene Lage damals, sein eigenes angekratztes Selbstwertgefühl und den Druck, den er sich gemacht hat. Das wiederum erleichtert es Anne, der »Täterin«, sehr, sich nicht gleich wieder verteidigen zu »müssen«.

4. Bei unserem Beispielpaar wird durch das Verzeihen auch die Beziehung wieder hergestellt und ein wichtiges Nähe-Hindernis beseitigt. Das muss allerdings nicht in allen Fällen so sein. Oft ist durch einseitige oder wechselseitige Verletzung die Liebe eines der beiden oder beider so tiefgreifend zerstört, dass ein *weiteres Zusammenleben nicht mehr möglich* ist, und eine Trennung oder Scheidung als der bessere Ausweg erscheint. Dennoch ist auch hier *das Verzeihen von großer Bedeutung,* auch wenn es einseitig bleiben sollte und auch wenn eine nahe Beziehung dadurch nicht mehr möglich oder auch gar nicht erwünscht ist.

- Es ist von großer Bedeutung einmal *für den Verletzten selbst*: Er befreit sich damit von seinen Opfer-, Verfolger-, Rache-Gefühlen, mit denen er auch das eigene Leben belastet. Wenn ich Verletzungen verziehen habe, die mir zugefügt wurden, erhöht das *die eigene Lebensqualität* in hohem Maße, weil dann die guten, die freudigen und liebevollen Gefühle wieder Platz bekommen und sich mein Leben wieder in die Zukunft ausrichten kann.

- Darüber hinaus hat das Verzeihen noch mehrere andere sehr positive Effekte: Wenn *gemeinsam Kinder* da sind, befreit sich derjenige, der verziehen hat aus ständigen *Loyalitätskonflikten*. Kinder leiden fürchterlich darunter, wenn, wie es leider sehr oft geschieht, ein Elternteil den anderen mit seinen Verletztheits- und Rachegefühlen weiter verfolgt. Denn alle Kinder möchten zu beiden Eltern gute Beziehungen und werden so ständig hin und her gerissen zwischen beiden. Das verwirrt sie und trübt häufig ihre Gemütslage.
- Zudem: Wenn sie erleben, dass ein Elternteil den anderen immer wieder abwertet, fühlen sie *einen Teil von sich selber abgewertet*: sie tragen ja beide Seiten biologisch und seelisch in sich. Eltern, die sich gegenseitig abwerten, schaden ihren Kindern ganz existenziell! Auch werden, wenn Eltern einander verzeihen, Absprachen und gemeinsame Vorgehensweisen in allem, was die Kinder betrifft, wieder reibungsloser möglich. Mit einem Wort: *Die Kooperation auf der Eltern-Ebene* wird wieder leichter, auch wenn sie auf der Paar-Ebene getrennt bleiben.

Einander ständig abwertende getrennte Eltern geben ihr *destruktives Verhaltensmuster* an ihre Kinder weiter. Auch Kinder, die darunter sehr leiden, »lernen« diese Muster unbewusst am Modell der Eltern – durch Vorbild und oftmaliges Wiederholen. Allein aus diesem Grund ist das Verzeihen von so großer Bedeutung.

Man kann beobachten, dass solche Kinder als Erwachsene in ganz ähnliche Verhaltensweisen hineingeraten, manchmal auch dann, wenn sie sich als Heranwachsende geschworen haben, auf keinen Fall das Gleiche zu machen wie ihre Eltern. Und wenn sie selbst wieder Kinder haben, kann es sein, dass es gerade so in die nächste Generation weitergeht … Wenn Verletzte verzeihen, unterbrechen sie also vielleicht sogar eine unglückselig sich anbahnende Schicksalsverkettung der nachkommenden Generationen.

Hier wird nochmals besonders deutlich: Verzeihen ist im Wesentlichen ein Entschluss des Verletzten, kann auch einseitig bleiben und auch keine eigentliche Versöhnung im Sinn einer Wiederherstellung der intimen Partnerbeziehung zur Folge haben. Dennoch ist es auch dann von großer Bedeutung für die Lebensqualität aller Betroffenen, auch wenn es natürlich noch »schöner« ist, wenn es – wie bei unserem Beispielpaar –zu einem Neuanfang und zu einer wechselseitigen Versöhnung der Partner führt.

5. Achtsamer Umgang mit Verletzungen heißt schließlich auch: Wirklich darauf schauen, *was jetzt noch »bohrt« und sich immer wieder in aktuellen Paarkonflikten aufdrängt*, sodass ein Bleiben mit der Aufmerksamkeit im Hier und Jetzt und ein Handeln im Hier und Jetzt dadurch sehr erschwert wird. Manchmal hat man nämlich den Eindruck, einer der Partner oder beide suchen förmlich nach Dingen, die sie sich aus der Vergangenheit um die Ohren hauen können. Dabei handelt es sich aber um Kleinigkeiten, die eigentlich »normale« Reibereien waren, die jetzt als Waffe benützt werden, aber die eigentlich nicht eine ernsthaft nachwirkende Verletzung darstellen. Die Fragen, die sich solche Partner in solchen Fällen stellen sollten: Werden diese »Kleinigkeiten« vorgeschoben, weil dahinter *ein* Vorfall steht, der so weh getan hat, dass ich ihn vor mir selber und/vor dem anderen verberge? Oder hat das Ganze damit überhaupt nichts zu tun. Fühle ich mich vielleicht im täglichen Leben dem andern gegenüber so unterlegen, dass ich mich durch solche Vorwürfe in eine »mächtigere Position« manövrieren will? In diesem Fall wäre dies das eigent-

liche Konfliktthema, das thematisiert werden müsste. Oder hat meine ständige »Vorwerferei« noch irgendeine andere »Funktion«? Dann gilt es, diese zur Sprache zu bringen!

Achtsamkeitsübung

Ich möchte das in diesem Zusammenhang Gesagte nochmals durch die Beschreibung ganz konkreter Schritte (die im Einzelnen natürlich variiert und abgeändert werden können) eines Versöhnungsprozesses deutlich und damit noch etwas »handhabbarer« machen. Diese Schritte können ab Punkt 4 auch für ein ausdrückliches »Versöhnungsritual«, für das ich die Konsultation eines/r Therapeuten/in Therapeutin oder Berater/in empfehle, verwendet werden.

1. ***Ansprechen:*** *Wenn es eine – wie geschildert – noch immer bohrende Verletzung gibt, die es dem Verletzten unmöglich macht, mit seinen Reaktionen im »Hier und Jetzt« zu bleiben, weil sich die Verletzung von damals heute immer noch »dazwischen schiebt«, spricht der Verletzte dies dem anderen gegenüber an – und dies so bald wie möglich und in einer geeigneten, einigermaßen ruhigen Situation. Beide vereinbaren eine ungestörte Zeit, um sich damit eingehender zu befassen.*
2. ***Wechselseitig:*** *Trifft das Gesagte auf beide zu, d.h. fühlen sich beide voneinander in der Vergangenheit verletzt – entweder in der selben oder auch in einer anderen Situation – ist es wichtig, sich für beide Verletzungen voneinander getrennte Zeiten zu nehmen: Erst ist der eine dran, dann der andere. Sonst besteht die Gefahr, dass beide Angelegenheiten immer wieder miteinander vermischt werden und damit ihre Bewältigung sehr erschwert wird.*

3. ***Hilfe holen***: *Wenn einer merkt oder beide merken, dass sie nicht weiterkommen, empfiehlt es sich, einen professionellen Berater dafür in Anspruch zu nehmen, einen niedergelassenen Paartherapeuten bzw. -berater oder eine/n an einer Beratungsstelle angestellten. Von hier ab können dann die Partner die äußere Gestaltung des Prozesses diesem überlassen. Haben beide den Eindruck, sie können diesen allein bewältigen, kann es dann so weitergehen:*
4. ***Benennen der Verletzung***: *Derjenige, der »dran« ist, mit seiner Verletzung zu beginnen, benennt diese, erzählt möglichst konkret von der damaligen Situation und macht so deutlich wie möglich, was genau es war, welches Tun oder Lassen des Partners ihn so verletzt hat. Dabei ist es hilfreich, wenn er sich und dem anderen nochmals sehr konkret bewusst macht, wie seine Lebenssituation damals war, und was genau »die Stelle in seinem Herzen, in seiner Seele« war, die durch den anderen verletzt wurde. Neuerliche Anklage vermeiden, nur »Schildern«!*
5. ***Zuhören***: *Der andere hört dabei nur aufmerksam zu, er fragt nach, wenn er etwas nicht versteht, aber er vermeidet um jeden Preis, in eine Verteidigungshaltung und Verteidigungsargumentation hinein zu geraten. Das kann sehr schwer sein, ist aber ganz wesentlich für einen gelingenden Versöhnungsprozess.*
6. ***Wechselseitiges Verstehen***: *Als nächstes empfiehlt es sich, auch die Lebenssituation des »Verletzers« damals, als »es« geschah, miteinander anzuschauen und daraus zu verstehen, wie es zu dem verletzenden Verhalten gekommen ist. Es geht dabei wiederholt um eine angemessene Einschätzung von »Reiz« (verletzendes Verhalten) und »Reaktion« (Verletzung des Partners), wie wir es in den vergangenen Kapiteln immer wieder als entscheidend gesehen haben. Beides*

kam aus einer bestimmten Lebenssituation, sowohl der des »Täters«, als auch der des »Opfers«. Dies zu verstehen, kann beiden sehr helfen: Dem Verletzten, um seine Schuldzuschreibung an den andern etwas zu entschärfen, ohne sie dabei aufzugeben, und dem Verletzer kann es helfen seine »Schuld« anzuerkennen, ohne sich selber dafür zu verurteilen und/oder sie abstreiten zu »müssen«. Das wechselseitige bessere Verstehen soll die Verletzung des Verletzten und die »Schuld« des Verletzers keinesfalls »wegreden«, sondern den beiden nur erleichtern zu verstehen und so eher die nächsten Schritte gehen zu können.

7. ***Bedauern und Bitte um Verzeihung**: Nun ist der Verletzer von damals dran. Er kann nun zum Beispiel sagen (und dabei ist wichtig, dass beide Partner sich in die Augen schauen!): »Wenn ich dich so höre und auf deine Situation von damals schaue, dann verstehe ich, dass ich Dich mit ... verletzt habe. Und ich möchte dir sagen: Es tut mir leid! Bitte verzeih mir!«*
8. ***Verzeihen:** Darauf erwidert der Verletzte etwa mit diesen oder ähnlichen Worten: »Ich sehe und höre, dass es dir leid tut! Das erleichtert mich. Und ich glaube dir, dass es dir leid tut. Ich verzeihe dir! In Zukunft werde ich dir das nicht mehr vorhalten!« Mit dem letzten Satz soll ein für alle Mal ausgeschlossen werden, die Verletzung wieder als Macht- und Rache-Instrument gegen den andern einzusetzen.*
9. ***Äußeres Handeln**: Es ist gut, wenn Gefühle hochkommen, diese hier zuzulassen. Es ist außerdem gut und für die Wirksamkeit des Geschehens auch sehr hilfreich, wenn beide diese Gefühle in Handeln umsetzen: Indem sie einander in die Arme nehmen, Augenkontakt halten, oder mindestens sich »darauf die Hand geben«, etwa mit den Worten: »Es ist jetzt gut zwischen uns« – »Ja, es ist nun gut!« Auch ist es wichtig, sich*

für diesen Teil genügend Zeit zu lassen. Nicht hasten, nicht »schnell, schnell« darüber hinweggehen!

10. ***Wechsel:*** *Wenn beide ihre Verletzungen angemeldet haben, und es reicht die Zeit, dann beginnt jetzt der gleiche Ablauf mit den umgekehrten Rollen. Besser ist es aber wahrscheinlich, diesen zweiten Prozess auf einen weiteren, zeitnahen Termin zu verschieben.*
11. ***Abschlussritual:*** *Manchen Paaren kann es auch eine große Hilfe sein, wenn sie zum Abschluss dieses Prozesses noch ein ausführlicheres Ritual gestalten, zum Beispiel, indem sie einen Gegenstand als Symbol für die Verletzungen wählen, um die es – wechselseitig oder nur für einen – gegangen ist (ein verdorrter Zweig, ein stacheliges Blatt oder auch ein bestimmtes »Corpus delicti« von damals) und diesen feierlich miteinander vernichten: In einen Fluss werfen, in einem Feuer verbrennen, oder – wenn das Symbol aus einem organischen Material ist – es vergraben, damit es sich in fruchtbare Erde verwandelt.*
12. *Man kann dem Ganzen auch dadurch einen guten Abschluss geben, dass man etwas Schönes miteinander unternimmt,* ***ein kleines Fest*** *feiert, miteinander essen geht oder dergleichen – etwas das Raum für die neu entstandene Nähe bietet, sie vertieft und damit noch mehr »verankert«.*

8. Kapitel

Achtsamkeit im Alltag der Beziehung

Um der Klarheit und Einfachheit willen habe ich in den ersten Kapiteln Vieles immer wieder an dem einen kleinen Beispiel von Frank und Doris erläutert. Dabei sollte aber nicht aus dem Blick geraten, was jedem Leser ohnehin bewusst ist, dass es für jedes Paar unendlich viele Situationen im Alltag gibt, in denen diese Art von Achtsamkeit (»Zwischen Reiz und Reaktion liegt die Freiheit!«) geübt oder auch nicht beachtet werden kann. Ich kann und will diese Vielfalt hier nicht »einfangen«, möchte aber an einigen typischen Alltagssituationen von Paaren entlanggehen, um aufmerksam zu machen, wo überall unser Thema besonders aktuell werden kann.

Achtsamkeit im Alltag im Umgang mit sich selbst

Zunächst aber wende ich mich dem achtsamen Umgang mit sich selbst als einzelnem zu. Der Grund: *Ich werde Achtsamkeit in der Paarbeziehung nicht erlernen, wenn ich sie nicht immer auch ganz ohne den Partner und für mich allein übe.* In der bereits erwähnten Komplexität und Hetze unserer Zeit übe ich damit etwas, das nicht nur für meine persönlichen Beziehungen, sondern für mich ganz allgemein und in fast allen Alltagserfahrungen eine wachsende Bedeutung bekommt: Ich übe damit – um es mit einem Wort zu sagen –

»Lebensqualität« in allen Facetten und Bereichen meines Lebens, weil ein achtsames Leben auch für mich ganz persönlich Bereicherung durch höhere Intensität und Präsenz bedeutet. Und wie gesagt: Auch für die Pflege meiner Paarbeziehung ist diese tägliche Einzelübung der Achtsamkeit eine nötige Voraussetzung. Wie kann man also Achtsamkeit – ganz »für sich allein« – üben?

Es geht dabei immer um folgende Elemente:

Erstens, ich nehme mir – und zwar mehrmals am Tag – *Zeit für mich.* »Oh je, dazu habe ich ja gerade keine Zeit!« höre ich hier viele meiner Leser/-innen dazwischen rufen. Dazu sage ich: Doch, diese Zeit hat jeder! Denn das können ganz *kurze Momente, ja Augenblicke* sein, die ich dafür aufwende.

Zweitens, ich gehe in dieser Zeit mit meiner *Aufmerksamkeit zu mir*, das heißt »von außen nach innen«, von der Außenwelt zu meiner Person und in meine »Innenwelt«.

Drittens: Diese Innenwelt erreiche ich am besten dadurch, dass ich zuerst *zu meinem Atem* gehe und diesem mit meiner Aufmerksam kurze Zeit folge, wie er – ganz von selber – aus- und einströmt. Damit bin ich in meinem Körper angelangt.

So kann ich *viertens* erreichen, dass ich *meine Körperempfindungen jetzt deutlich wahrnehme*, die ich gerade spüre: Unangenehmes, Schmerzen oder Verspannungen zum Beispiel, oder auch Angenehmes, wie wohlige Entspannung, Sattheit, den guten Nachgeschmack des Frühstücks usw. Ich ändere daran nichts, es kommt nur darauf an, dass ich mich dadurch in meiner körperlichen Gegenwart hier und jetzt »als Ganzes« und »da« spüre.

Dann bin ich »*bei mir angekommen*«, und erst dann richte ich – *fünftens* – meine *Aufmerksamkeit wieder auf das, was rund um mich passiert*, was mir bevorsteht, was ich mir zu tun gerade vorgenommen habe und dergleichen. Wer das übt, wird erfahren: er ist dann ganz anders »da« und »bei der Sache« als vorher: Ich bin bei mir, im Hier und Jetzt, stehe dem äußeren Geschehen jetzt »gegenüber« und bin nicht mehr darin »verstrickt«. Ich habe eine Position, aus der ich meine äußeren Reaktionen viel eher frei wählen kann, als wenn ich »irgendwie« in sie hineinschlittere.

Wenn man in dieser Weise, wie es gerade geschehen ist, die einzelnen Elemente der Achtsamkeitsübung »in Zeitlupe« schildert und so gewissermaßen »auseinander nimmt«, sieht es wieder so aus, als bräuchte man dafür viel Zeit, und der Einwand von vorhin (»Keine Zeit dazu!«) meldet sich erneut. Aber das ist ein Missverständnis. Es reichen dazu *winzige Augenblicke zwischendurch*: Zum Beispiel, wenn ich im Bus oder in der Straßenbahn die immer gleiche Strecke zur Arbeit fahre, halte ich einen kurzen Moment inne und spüre meinen Atem und wie sich in meiner Hand die Stange, an der sie sich festhält, anfühlt, und die Spannung, die dadurch in meinem Arm entsteht, ich spüre, wie der fahrende Bus meinen Körper bewegt und wie ich diese Bewegung durch Muskelanspannung bremse usw.: So nutze ich diese Momente und komme dadurch »zu mir«. Oder wenn ich mich – im Büro angekommen – an den Computer setze und ihn einschalte: In der Zeit, bis er hochgefahren und betriebsbereit ist, atme ich in meine Füße, spüre sie dadurch am Boden und mein Gewicht auf dem Stuhl, achte darauf, dass ich wirklich »ganz« darauf sitze und mein Gewicht der Sitzfläche überlasse: Und schon bin ich »ganz« da. Oder wenn ich vom Büro heimkomme und die Treppen zur Wohnung hoch steige: Ich nehme die Treppenstufen im Rhythmus meines Atems, spüre die Berührung durch meine Füße auf jeder Stufe. Dadurch komme ich hier »bei mir an« und bin im gegenwärtigen Augenblick, anstatt in Gedanken und Gefühlen noch im Vergangenen zu hängen oder schon an die morgigen Aufgaben zu denken. Dadurch mache ich mich fähig, meinem Partner, meinen Kindern, denen ich dann gleich begegnen werde, wirklich zu »begegnen«, statt im Moment dieser Begegnung gar nicht oder nur halb da zu sein – wodurch ja viele Missverständnisse geschehen, wie wir immer wieder gesehen haben.

»Verankern«

Für diese Übung, in der Gegenwart und bei mir anzukommen, ist es sehr hilfreich, wenn ich sie in bestimmten Alltagssituationen, die immer wiederkehren, *»verankere«*. Was versteht man in diesem Zusammenhang unter »Verankern«? Ich nehme mir zum Beispiel zunächst nur vor: Dann, wenn ich mich morgen früh an den Computer setze, denke ich an meinen Atem. Am nächsten Tag denke ich, wegen der Beschränkung auf diese eine Situation, tatsächlich auch dran und kann die kleine Übung machen. Durch dieses winzige »Erfolgserlebnis« (dass ich meinen Vorsatz tatsächlich ausgeführt habe), wird es schon leichter, das Gleiche auch morgen zu tun. Wenn ich das zwei bis dreimal so gemacht habe, brauche ich mich selbst gar nicht mehr ausdrücklich daran zu erinnern, der Computer selbst bzw. das Hinsetzen vor ihn, erinnern mich gewissermaßen »von sich aus« daran. So »koppelt« es sich für mich: Das Hinsetzen vor den PC und das Achten auf mich und meinen Körper in diesem Augenblick: Zu mir gehen, meinen Atem wahrnehmen, mich ganz spüren. So wird ein – diesmal hilfreicher – Automatismus daraus. Ich muss mich nicht mehr durch bewussten Vorsatz daran erinnern. Die Übung der Achtsamkeit ist nun hier »verankert«. Und die Erfahrung ist: Was dann folgt, was sich an Aufgaben stellt, gehe ich in größerer Klarheit, Präsenz und Entschlossenheit an – und nicht »irgendwie« und mit meinen Gedanken ganz woanders.

Genau so kann ich es mit allen anderen Gelegenheiten machen: Das Einsteigen in den Bus, das Hochsteigen auf der

Treppe, das Hinsetzen zum Essen: Ich wähle immer nur eines aus und verankere diese kleine Achtsamkeitsübung mit einer solchen Alltagssituation. Dadurch wird dieses für mich »Erinnerung« daran. Das funktioniert wie gesagt nur dann, wenn ich mir nicht vornehme, bei all diesen Gelegenheiten sofort und auf einmal achtsam zu werden. Das würde mich überfordern. Aber in dieser Weise hintereinander »verankert« bleibt es da und beginnt allmählich, in meinem Alltag insgesamt wirksam zu werden. Dieser wird allmählich von vielen kleinen Achtsamkeitsmomenten »durchsetzt«, die kaum Zeit kosten, sondern im Endeffekt Zeit sparen, weil das, was ich dann tue, in einer höheren Präsenz, größeren Klarheit und Entschiedenheit geschieht. Halb da und halb dort zu sein, verkompliziert im Endeffekt das Leben viel mehr: weil ich etwas Wichtiges vergesse, weil ich nicht angemessen reagiere und dann Scherereien habe, weil das Getane nur halb getan ist …

Achtsamkeit im Alltag der Beziehung

Bei mir sein, immer wieder »zu mir« kommen – das ist Voraussetzung für Klarheit, Wohlwollen und Rücksichtnahme auch in der Beziehung. Damit sind wir wieder beim eigentlichen Thema dieses Kapitels angelangt. Auch für die Achtsamkeit in unserer Paarbeziehung ist es hilfreich, nach und nach *»Standardsituationen«* zur Verankerung der Übung zu wählen und so zu erreichen, dass diese Situationen uns sozusagen selbst zur Erinnerung an »Achtsamkeit« werden. Solche Standardsituationen können sein:

1. Begrüßung und Verabschiedung

Mich *verabschieden* vom Partner und ihm *wieder begegnen* – vorausgesetzt, dieses findet regelmäßig und in kürzeren Abständen statt, wird sehr leicht unaufmerksam und unachtsam. Meist hat sich zwar dafür ein bestimmtes Abschieds- oder Begrüßungs-«Ritual« eingespielt, ein Kuss, eine Umarmung, bestimmte Abschieds- oder Begrüßungsworte. Solche »Rituale« sind allerdings häufig durch oftmaliges Wiederholen zur leeren Gewohnheit und zu äußeren Formeln geworden: ohne den persönlichen Gehalt, den sie eigentlich ausdrücken sollten. Machen wir wieder ein lebendiges Ritual daraus! Das würde bedeuten:

Blick: Ich schaue meinem Partner bei Abschied und Wiederbegegnung wirklich in die Augen und nicht nur flüchtig und an ihm vorbei. Über die Blicke begegnen sich unsere Herzen!

Handlung: Wenn wir uns zum Abschied und beim Wiedersehen umarmen, »nehme« ich den Partner dabei wirklich »in die Arme«! Ich lasse mich seinen Körper an dem meinen tatsächlich »spüren« und verweile einen Augenblick dabei. Falls wir uns zu küssen pflegen, spüren meine Lippen wirklich die seinen bzw. seine Wange, anstatt nur flüchtig daran vorbei zu streifen. Meine Augen sind dabei offen, nicht geschlossen, nehmen mit den Augen des anderen wirklich Kontakt auf, verweilen einen Augenblick dabei und blicken nicht schnell wieder weg und in irgendeine andere Richtung.

Worte: Ich höre das, was der Partner sagt, anstatt es an mir vorbeistreifen zu lassen. Und: Ich sage einen bewussten Satz zur Begrüßung oder zum Abschied, nicht irgendeine Formel, die ich gar nicht mehr wüsste, wenn man mich hinterher danach fragte. *Meine* ich wirklich, was ich sage? Wie wäre es mit einer neuen Formel, eine die mir wirklich von Herzen kommt? »Schön, dich wieder zu sehen!« »Gut, wieder da zu sein«, »Hallo, wie geht es dir?« – und bei dieser Frage ist es wichtig, die Antwort des anderen wirklich abzuwarten und aufzunehmen, was er/sie darauf sagt!

Natürlich gilt das hier Gesagte nicht nur für regelmäßige und täglich wiederkehrende Alltagsabschiede und Alltagsbegegnungen, aber beim Wiedersehen nach längeren Trennungen besteht die Gefahr der »Entleerung« der verwendeten ritualisierten Formen von ihrem Sinn und Gehalt sehr viel weniger, weil wir durch längere Abwesenheiten allein schon in der Regel aus unserem Alltagstrott herausgerissen sind und damit auch die gewohnten Rituale eher wieder mit Inhalt füllen.

2. Umgangsformen im täglichen Zusammen-Sein

Um gleich einem Missverständnis, das sich bei diesem Thema einstellen kann, vorzubeugen: Ich rede hier nicht einer steifen Förmlichkeit im vertrauten Umgang miteinander das Wort! Aber gerade in den Formen dieses täglichen Umgangs miteinander geschehen viele kleine Verletzungen dadurch, dass sich Gewohnheiten bei einem der Partner oder beiden einschleichen, die den anderen stören und durch die er sich rücksichtslos oder achtlos behandelt fühlt, die er sich selbst aber – ebenfalls »aus Gewohnheit und Gewöhnung« – nicht mehr deutlich anmerken lässt, geschweige denn, dass er sie ansprechen würde. Die Achtsamkeitsübung beginnt hier damit (*erster Schritt)*, dass ich mich frage, ob manche meiner Gewohnheiten für meinen Partner nicht eigentlich eine Zumutung sein könnten. Wir müssen uns immer vor Augen halten: In der ersten Zeit unserer Liebe war unsere Achtsamkeit für den anderen wie von selbst »auf höchste Stufe geschaltet«. Diese »automatische Schaltung« hört mit der Zeit auf, und dadurch geschieht es häufig, dass sich alte, unachtsame Gewohnheiten wieder einschleichen, aus denen ich in der ersten Zeit wie von selbst »herausgerissen« wurde. Sie schleifen sich oft in dem Maß wieder ein, in dem mir der andere »vertraut« wird. Vertrautheit hat leider diese zwei Seiten: Einerseits Nähe zum anderen im Alltag, aber auch: Ich sehe den anderen gar nicht mehr wirklich »als anderen«, nicht mehr als reales »Gegenüber«. Ich nehme mir zum Beispiel nicht mehr die Mühe, Aufstoßen oder Rülpsen bei Tisch zu unterdrücken, wenn es mir »hochkommt«, oder ich setze mich noch in der Küchenschürze zum Essen, oder ich lasse den Fernseher nebenher weiterlaufen, schaue und höre mehr auf den als auf meinen Partner, der ebenfalls am Tisch sitzt. All das kann der Partner, und zwar von außen durchaus nachvollziehbar, eigentlich als kleine Missachtung seiner Person erleben. Dennoch spricht er es nicht mehr an, und der andere Partner denkt nicht mehr daran – beides »aus Gewohnheit«, und dennoch lässt es bei dem Betroffenen ein ungutes Gefühl zurück und bewirkt ein kleines Stück weiterer Entfremdung zwischen den beiden.

Darum kann es sehr nützlich sein, vor allem wenn ich irgendein Anzeichen der Störung beim Partner merke, aber auch dann, wenn mir plötzlich selber ein solcher Verdacht kommt, ausdrücklich nachzufragen: »Sag mal, stört es dich eigentlich, wenn ich …?« Dabei kann ich wichtige Informationen erhalten über unter Umständen ständige und schon lange vorhandene Störfaktoren, die ich jeden Tag mehrmals in die Beziehung bringe, ohne es bisher gemerkt zu haben.

Der *zweite Schritt* der Achtsamkeitsübung wäre dann, diesen oder jenen Moment der Begegnung mit dem Partner, auf den ich dadurch aufmerksam geworden bin, in der oben geschilderten Weise »zu verankern« und dadurch ausdrücklich darauf zu achten, das Verhalten, um das es geht, in Zukunft zu unterlassen oder zu verändern, also die Achtsamkeit in Bezug auf mich auch auf die Achtsamkeit für den Partner zu erweitern: zum Beispiel mich nicht mehr in Arbeitskleidung an den Tisch zu setzen, oder mich mit einer besser riechenden Seife zu waschen, oder zu vermeiden, beim Duschen ewig lang zu brauchen und dergleichen mehr.

Dabei ist es wichtig zu beachten, dass es hier keine »objektiven« Kriterien gibt, was »gutes« und »schlechtes« Benehmen ist. Hier spielen gesellschaftliche Konventionen, die ich verinnerlicht habe, eine Rolle und natürlich auch die individuelle Eigenart, die soziale Schicht, aus der jeder Partner kommt und die in der jeweiligen Herkunftsfamilie gelernten unterschiedlichen Lebensstile. Diese Faktoren können bei den Partnern sehr verschieden sein. Was ganz generell gilt, trifft auch hier zu: Die Partner müssen für ihr Zusammenleben aus den zwei verschiedenen Welten, aus denen sie kommen, eine *gemeinsame* Welt schaffen. Das braucht auch Bewegung aufeinander zu und Anpassung aneinander, und nicht nur »Selbstbehauptung« dem andern gegenüber. Und: Gerade durch die über die Zeit hin entstehende Vertrautheit zwischen beiden schleifen sich auch alte Gewohnheiten, die ich von früher mitbringe, wieder ein, leben wieder auf, auch wenn wir schon lange in der »gemeinsamen Welt« leben, so dass es durchaus angemessen ist, darauf immer wieder das Augenmerk zu legen.

So sollten auch jüngere Paare schon frühzeitig in ihrer Beziehung darüber sprechen, was jeder vom anderen braucht, was ihn stört, und wie sie sich auf *gemeinsame und von beiden akzeptierte Verhaltensweisen* einigen können. Und wie bereits gesagt: Auch in späteren Phasen der Beziehung, ja bis ins Alter hinein – und hier insofern besonders, als die beiden Partner dann wieder sehr viel mehr Zeit miteinander verbringen – tauchen leicht »alte« Gewohnheiten wieder auf, die bei mir zuhause üblich waren und für mich allein durchaus in Ordnung sein können, die aber meinen Partner stören. Es ist also eine große Aufgabe, sich auf die »gemeinsame Welt« wieder und wieder einzupendeln, sich aneinander anzupassen und eigene Störungen anzumelden, bzw. von Zeit zu Zeit den Partner fragen: »Stört es dich, wenn ich …?«

Es ist ganz und gar nicht zu überschätzen, welches Ausmaß an Entfremdung sich zwischen den Partnern unbemerkt und »unter der Hand« einschleichen kann, wenn diese Rücksichtnahme aufeinander im Alltag von den Partnern nicht aufgebracht wird. Darum lohnt es sich für die Erhaltung und

Verbesserung unserer Beziehungsqualität, auch hier Achtsamkeit in und an diesen »Kleinigkeiten« regelrecht zu üben.

3. Zusammenarbeit

In vielen Situationen unserer Beziehung kooperieren wir in irgendeiner Form miteinander: Wenn wir zusammen die Wohnung aufräumen, einen Schrank oder ein Regal zusammenbasteln und es aufstellen, wenn wir miteinander einkaufen gehen usw. Da wir zwei verschiedene Menschen sind, haben wir dabei verschiedene Gewohnheiten entwickelt, das zu tun. Außerdem kommen hier auch die individuellen Unterschiede in Vorlieben und Abneigungen zum Tragen, dazu noch unsere unterschiedlichen Stärken und Schwächen und unsere verschiedenen Geschwindigkeiten bei der Erledigung der Aufgaben. Hier Achtsamkeit zu üben heißt, einen *Ausgleich zu finden* zwischen: »Bei meiner Art bleiben« und »Mich deiner Eigenart anpassen«. Wenn ich nur auf mich achte, ist das Rücksichtslosigkeit, wenn ich mich nur dem Partner anpasse, wird das zur Selbstaufgabe. Beides würde auf Dauer zum Schaden der Beziehung werden.

Achtsamkeit in unserer Kooperation zu üben, bedeutet demnach, darauf zu achten, dass ich *meine Stärken und Eigenarten einbringe, und gleichzeitig dir Platz für deine Stärken und deine Eigenarten lasse*, und – dass wir beides immer wieder flexibel aufeinander abstimmen. Das ist ein wunderbares Übungsfeld im ganz gewöhnlichen Alltag für die Herstellung einer guten Balance von »Autonomie« einerseits und »Bindung« andererseits, von »Bei mir sein« und »Mich auf dich beziehen«! Um das zu bewerkstelligen, kann ich nicht einfach »drauf los« machen, sondern muss im Kontakt zu mir bleiben und gleichzeitig immer wieder dabei den Kontakt zu dir suchen: Achtsamkeit für mich selbst und Achtsamkeit für den Partner!

Dir ist es beispielsweise beim gemeinsamen Einkauf am Samstag Morgen wichtig, dass unsere Besorgungsliste »abgearbeitet« wird, mir ist vor allem unser Zusammensein wichtig, und das heißt, dass wir auch mal bei dem einen oder anderen Schaufenster stehen bleiben und uns austauschen oder uns zwischendurch einen kurzen Besuch im Café gönnen: Deshalb machen wir es so, dass jeder auf sein Interesse achtet, aber auch das Interesse des anderen berücksichtigt. Das hießt: Wir besprechen, was erledigt werden muss und was unter Umständen auch noch verschoben und bei anderer Gelegenheit erledigt werden kann, sodass Zeit auch noch für »zweck-loses« Beisammensein bleibt Oder: Du bist der handwerklich Geschicktere von uns beiden. Also baust du das Regal allein zusammen, und ich mache die Handreichungen dafür, erleichtere dir so die Arbeit und beschleunige sie dadurch, was uns beiden entgegenkommt. Jeder ist mit dieser Rollenverteilung einverstanden und – das ist ganz wichtig! – jeder gibt dem anderen Anerkennung für seinen Beitrag.

Achtsamkeit bei unseren Kooperationen zu üben kann aber durchaus auch heißen: In diesem und jenem Bereich, bei dieser und jener Aufgabe sind wir einfach zu verschieden. Zum Beispiel: Du kommst mit meinem Tempo nicht mit, und wenn ich meines so drossle, wie du es bräuchtest, kriege ich gar nichts mehr hin oder verliere jedenfalls jeden Spaß daran! So etwas kann zwar eine Täuschung und/oder eine Ausrede sein, ist es aber nicht unbedingt. Die Verschiedenheit kann zu groß sein. Dann arbeitet eben in diesen Bereichen jeder für sich, oder es übernimmt nur einer diese Aufgabe, und der andere macht eine andere für die Beziehung wichtige auf seine Art. Das kann zwar im Einzelnen ein schmerzlicher Verzicht sein, vor allem für den, der auf das »Miteinander« besonderen Wert legt, aber Achtsamkeit heißt hier auch: Loslassen, was nicht geht, sich damit einverstanden erklären, und wieder: dem jeweils anderen für die Erledigung seiner Aufgaben in der Art, wie es ihm liegt, Anerkennung geben.

4. Zärtlichkeiten »zwischendurch«

Oft ist bei Paaren, die sich durchaus mögen, zu beobachten, dass sie – ohne deutlich ersichtlichen Grund und ohne ein »tieferes Problem« – aufhören, sich zwischendurch zärtlich zu berühren und überhaupt im Alltag liebevollen Körperkontakt miteinander zu pflegen. Es hat sich einfach so eingespielt … Dadurch entsteht aber trotzdem Distanz, und man gewöhnt sich an diese Distanz. Dazu kommt: Je länger dies der Fall ist, desto »ungewöhnlicher« wird es, den anderen wieder einmal zu herzen und zärtlich in den Arm zu nehmen. Also entwickelt man ganz ungewollt sogar Hemmungen davor, es wieder zu tun, unterlässt es deshalb immer öfter und die Distanz nimmt immer mehr zu … Dies ist oft auch der Anfang vom Ende der Sexualität zwischen den beiden, oder due Sexualität wird– für einen oder beide – ein freudloser Vollzug aus Gewohnheit.

Auf diese Weise hört oft auch ganz allgemein die herzliche innere Verbundenheit im gemeinsamen Leben zwischen den beiden auf. Achtsamkeit in diesem Bereich würde bedeuten: Jeder der beiden Partner achtet von sich aus darauf, dass die Zärtlichkeiten nicht einfach »einschlafen«. Viel mehr: Ich nutze sie in bestimmten Situationen des Tages, nach obigen Beispielen zum »Verankern« und lerne so wieder, auf den andern zuzugehen und gebe wieder, was »aus der Mode gekommen ist«, bzw. wenn ich sie vom andern bekomme – und dies ist genau so wichtig – ich reagiere herzlich darauf, anstatt womöglich zu sagen, wenn der andere mich nach langer Zeit wieder einmal richtig umarmt: »Was ist denn mit dir heute los?!«

Es geht dabei tatsächlich, wie eben formuliert, um einen Lern-Prozess. Durch Alltag und Gewohnheit haben wir oft regelrecht »ver-lernt«, Zärtlichkeiten auszutauschen. Wir müssen es durch erhöhtes Achten darauf wieder er-lernen, und dazu kann das beschriebene Verankern in bestimmten Situationen sehr hilfreich sein.

Ich nenne hier ein paar Alltagsbeispiele: Wenn wir miteinander einkaufen gehen, achte ich bewusst darauf, immer mal wieder nach der Hand des anderen zu fassen, und wir gehen dann ein Stück des Weges »Hand in Hand«. Oder wenn ich in irgendeiner Veranstaltung neben dem Partner sitze, fasse ich nach seiner Hand und halte sie zärtlich, oder ich lege meinen Arm um die Schulter des anderen, rücke ihm näher, sodass sich unsere Körper spüren. Oder ich mache ein kleines Kompliment über das Aussehen, die Kleidung, irgendein Verhalten des anderen. Oder ich rücke am Abend im Bett zum anderen hin, sodass wir für ein paar Momente vor dem Einschlafen oder auch während des Einschlafens aneinander zu liegen kommen. Oder ich lächle ihm zu, mache einen kleinen Scherz, erinnere an eine komische Situation, die uns beide zum Lachen bringt.

Es gibt untertags tausend Gelegenheiten für solche kleinen Zärtlichkeiten und Erwiderung dieser Zärtlichkeiten. Aber die Gefahr besteht immer, dass sie der Alltag einebnet. Wir müssen uns, wenn wir das Stadium der akuten Verliebtheit verlassen haben, immer wieder daran erinnern! Das bewusst zu tun und nicht zu erwarten, dass wir es »spontan« machen werden, heißt nicht, das es nicht mehr echt ist, vielmehr kann es unsere innere Haltung, die durchaus noch da ist, wieder aktivieren, nach außen bringen und dadurch für den anderen wieder spürbar machen, wieder »Wirklichkeit« in unserer Beziehung werden lassen.

Zu diesem »wieder Wirklichkeit werden lassen«, ist nochmals ausdrücklich zu sagen: Eine neue Zärtlichkeits-Kultur wird nur dann Wirklichkeit, wenn dieses »Zugehen« des anderen auf mich auch von mir erwidert wird. Sonst verpufft es, hinterlässt keine Spuren. Der andere ist enttäuscht und lässt es wieder …

Allerdings ist hier eine wichtige *Zwischenbemerkung* zu machen: Wenn von einem der beiden »nichts mehr« in dieser Hinsicht kommt, kann es allerdings auch noch eine andere Ursache haben: Es kann sein, dass er gerade *mehr Distanz in der Beziehung braucht*, also eine Art Pause hinsichtlich Zärtlichkeitsaustausch. Das heißt: Durch irgendwelche individuelle Entwicklungen oder auch bestimmte Situationen in seinem Leben kann er jetzt nicht so viel Nähe haben, sondern mehr Zeit für sich allein. In einem solchen Fall empfiehlt sich sehr, darüber den anderen zu informieren, damit dieser sich nicht beunruhigt. Zum Beispiel: »Mich beschäftigt gerade sehr, wie sich in meinem Leben so viele Dinge ähnlich gestalten wie in der Geschichte meiner Eltern. Ich beobachte das und muss immer wieder darüber nachdenken. Wenn ich mich jetzt öfter zurückziehe, braucht dich das nicht zu beunruhigen, ich bin gerade sehr damit beschäftigt!« – Es kann allerdings auch sein, dass der mehr Distanz-Bedürftige gar nicht bemerkt, dass er das Nähe-Bedürfnis seines Partners jetzt frustriert. In diesem Fall ist es hilfreich, dass der Betroffene dies klar und deutlich anspricht: »Ich habe den Eindruck, dass du dich in letzter Zeit öfter von mir zurückziehst ... (Hier ist es gut, konkrete Situationen zu benennen, aus denen man diesen Eindruck gewonnen hat) ... Ist es für dich auch so? Und kannst du mir sagen, warum und was bei dir ist, damit ich das verstehen kann, weil mich das beunruhigt!« Auch kann es hilfreich sein, darüber zu sprechen, wie die jetzt unterschiedlich gewordenen Bedürfnisse neu so »koordiniert« werden können, dass die Beziehung nicht zu sehr aus der Balance gerät und dass *beide* unterschiedlichen Bedürfnisse ein Stück weit berücksichtigt werden.

Hier könnte es manchmal aber auch wichtig sein zu überprüfen, ob hinter dem Rückzug eines Partners nicht schlicht und einfach *eigene Trägheit* steckt und keine »tiefere« Ursache. Dann wäre es allerdings an der Zeit, diese schlicht zu überwinden. Auch sollte man nicht kleine Missverständnisse und Unstimmigkeiten zum Vorwand nehmen und sie als Entschuldigung vorschieben. In einer Beziehung braucht es auch ein Stück Großzügigkeit: Solche Kleinigkeiten bewusst übergehen, am Negativen nicht hängen bleiben, einfach wieder auf den anderen zugehen, das kann durchaus angebracht sein. Denn irgendeinen Grund, diesen Schritt auf den andern hin *nicht* zu tun, gibt es immer, und wenn ich auf diesen ausweiche, verspiele ich eine Chance für die Beziehung.

Achtsamkeit in diesem Zusammenhang kann allerdings auch noch bedeuten: Auf *tiefer greifende Störfaktoren* aufmerksam werden. Wenn wir keine Zärtlichkeiten mehr austauschen, und wenn ich es auch nicht »übers Herz bringe«, damit wieder anzufangen, oder wenn ich merke, dass der Partner wiederkehrend Widerstände zeigt, solche Zärtlichkeiten anzunehmen und zu erwidern, dann wird es allerdings Zeit, das zu thematisieren und sich und den Partner zu fragen: Was hindert uns eigentlich daran, das zu tun? Ist es einfach nur Gedankenlosigkeit, Trägheit? Oder steckt ein tieferes Problem dahinter? Etwas, das mir ständig an dir auf die Nerven geht oder dir an mir? Ein Problem mit den Kindern, dass ich zum Beispiel damit, wie du damit umgehst, einfach nicht einverstanden sein kann, oder umgekehrt? Oder – siehe vorausgehendes Kapitel – etwas, das ich dir immer noch übel nehme, oder du mir, eine »gröbere« Verletzung aus der vergangenen Zeit, die immer noch zwischen uns steht? Dann müssten wir uns mit solch tiefer liegenden Themen eingehender befassen und diese ähnlich, wie im letzten Kapitel erklärt, ausräumen, bevor wieder körperliche Nähe möglich wird.

Oder ist es vielleicht »nur« etwas so »Äußerliches« wie mein oder dein *Körper- oder Mundgeruch*, der mich oder dich seit einiger Zeit abstößt? Das »Nur« steht hier bewusst in Anführungszeichen, denn Körpergeruch hat eine viel größere Bedeutung für die lebendige Nähe von Partnern, als wir es oft wahrhaben wollen! Früher hat uns der Geruch des anderen nicht gestört oder sogar sehr angezogen. Er war vielleicht auch anders, denn Körpergerüche ändern sich im Laufe des Lebens – durch alle möglichen Einflüsse (zum Beispiel durch Rauchen oder Mehr-Rauchen, durch Krankheiten und Medikamente, durch das Einnehmen oder Absetzen der Pille bei der Frau usw.). Kann ich den anderen, so wie er heute da ist, »riechen« – im wörtlichen Sinn?

Wenn dies nicht oder nicht mehr der Fall ist, ist eine *klare Ansage an den anderen* notwendig, so peinlich ich das vielleicht auch empfinde und so sehr ich vielleicht Angst habe, ihn dadurch zu verletzen. Und es ist für mich als Partner sehr wichtig, dass ich auf solch mutiges Ansprechen nicht beleidigt reagiere, auch wenn ich vielleicht noch so überrascht bin davon – sondern dass ich es ernst nehme, daraufhin achtsam mit mir selber umgehe und etwas für oder gegen meinen Geruch tue. Möglichkeiten dazu gibt es heute genug, angefangen von größerer Reinlichkeit und einer anderen Seife, bis hin zu allen möglichen Duftstoffen, die zur Verfügung stehen. Achtsamkeit heißt hier schlicht: Rücksichtnahme auf den anderen, Rücksichtnahme, die aber auch in meinem eigenen Interesse ist, denn am Austausch körperlicher Nähe, die ich damit verhindere, hängt viel an Beziehungsqualität.

Achtsamkeit heißt also in diesem Zusammenhang: Ich bemerke, dass wir keine täglichen Zärtlichkeiten mehr austauschen, und bei dem wiederholten Versuch, es wieder zu tun, merke ich bei mir oder bei dir unüberwindliche Hemmungen, die sich nicht durch »Wieder tun« und dadurch »Neu-Lernen« abbauen lassen. Und ich nehme das ernst und gehe – allein und zusammen mit meinem Partner – der Frage nach, was die Störfaktoren sein könnten, die das verhindern.

6. Das alltägliche Positive

Mit dem Austausch körperlicher Zärtlichkeiten ist ein Thema angesprochen, auf das wir in Kap. 6 im Zusammenhang mit den »Ressourcen« der Beziehung bereits eingegangen sind, und das ich darum hier nur noch kurz erwähnen möchte: Nämlich – auch im Alltag *das vorhandene Positive am anderen zu bemerken und einander immer wieder ausdrücklich mitzuteilen.*

Um dies nicht zu vergessen und dadurch der Negativität in unserer Beziehung Tür und Tor zu öffnen, kann es ebenfalls sehr hilfreich sein, bestimmte Situationen am Tag dafür zu wählen, an denen ich dies »verankere«, um mich speziell an dieses Thema zu erinnern: Zum Beispiel am Morgen, wenn wir uns beim Frühstück treffen. Oder am Abend, bevor wir zu Bett gehen. Es braucht vielleicht einige Zeit, uns auf diesem Weg daran zu gewöhnen, dem Partner auch Positives rückzumelden und nicht nur Kritik an ihm zu üben. Nach einiger Zeit wird es aber zu einer (in diesem Zusammenhang guten!) Gewohnheit werden, sodass ich die ausdrücklichen »Anker« im Alltag gar nicht mehr brauche.

Denn: Wie wir uns durch »Reiz« und »Reaktion« in vielfältige Negativ-Spiralen hineinmanövrieren, so regt die positive Resonanz des einen Partners auch den anderen immer wieder an, auch seinerseits wieder mehr auf das Positive beim Partner zu achten und ihm gegenüber ebenfalls zum Ausdruck zu bringen. Auch ein solches »Hin« und »Her« bekommt eine – nun positive – Eigendynamik gegenseitiger Verstärkung, die besondere Maßnahmen, wie es das »Verankern« darstellt, gar nicht mehr nötig machen.

7. Alltagsrituale

Eine weitere Möglichkeit, im Alltag der Beziehung Achtsamkeit zu üben, kann auch die *Praxis von »Ritualen«* sein. Darüber haben wir ebenfalls in Kap. 6 schon gesprochen. Ich möchte es aber auch hier noch einmal aufgreifen, weil Rituale für die Qualität der Paarbeziehung vor allem in der heutigen Zeit eine immer größere Bedeutung bekommen.

Was versteht man in diesem Zusammenhang unter »Ritualen«? (Jellouschek 2009a, S. 91–108). Allzu schnell denken wir bei diesem Wort an »leere Formen« und »leere Formeln«, weil wir Rituale sehr häufig so aus unserer kirchlichen und gesellschaftlichen Tradition kennen: Da läuft ein Vorgang ab, den wir innerlich nicht nachvollziehen können, den wir aber mitmachen (müssen), weil hier angeblich etwas Wichtiges geschieht, das wir aber nach Sinn und Inhalt innerlich gar nicht nachvollziehen können oder das wir übertrieben pathetisch oder unangemessen feierlich erleben. Vielen Menschen ist heutzutage wichtig geworden, dass sie sich einer vorgegebenen Form nicht einfach unterwerfen, sondern auch verstehen, was sich hier vollzieht und es »nach-vollziehen« können. Dies führt dann dazu, dass sich viele Menschen heute überhaupt von solchen Ritualen zurückziehen, sie nicht mehr mitmachen oder sich jedenfalls innerlich dabei distanzieren, denken wir nur an die sonntäglichen Gottesdienste, zu denen von Jahr zu Jahr immer weniger Menschen kommen.

Dabei geht aber – aufs Ganze gesehen – etwas verloren, auch für die Paarbeziehung. Indem wir viele von außen gegebene Rituale nicht mehr mitmachen oder auch mitmachen können, zum Beispiel die Sonntagsruhe, die Festlichkeit kirchlicher Hoch-Feste und dergleichen, verlieren wir auch Räume, in denen wir der Muße frönen, Freiraum genießen, oder miteinander feiern. Niemand ersetzt uns mehr »von außen« solche Freiräume. Wenn wir noch dazu nehmen, dass auch viele feste Zeiten im Alltag immer mehr wegfallen, zum Beispiel der Beginn und das Ende der Arbeitszeit, dann ist beides zusammen eine nicht unwichtige Ursache, dass Partner sich einfach nicht mehr »treffen«, außer zu gemeinsamer Organisation und Pflichterfüllung für Existenzaufbau, Kinder und Familie. Es gibt immer weniger von außen »geschützte« Räume, die für die persönliche Begegnung der Partner, für ihre gemeinsame Muße und ihr »zweck-loses« Beisammensein genutzt werden könnten.

Darum kommt es immer mehr darauf an, *sich selber und individuell solche Räume zu schaffen,* die im Bewusstsein der Partner mit »frei«, »miteinander und füreinander Zeit haben«, »genießen«, »sich begegnen als Paar, als Mann und Frau« reserviert sind und den Paaren als »Anker« dafür dienen und damit assoziiert werden.

Wie können solche Rituale aussehen?

Ein typisches *Kennzeichen von Ritualen* sind *wiederkehrende Zeiten*, wie früher der erwähnte Feierabend oder der Feiertag oder Sonntag. Heutzutage müssen sich Paare solche Freiräume, die in *regelmäßigem Rhythmus* wiederkehren, immer öfter selber schaffen und sie als »verbindlich« einführen. Zum Beispiel: Regelmäßig Zeiten, in denen wir als Paar nach vollbrachtem Tagewerk noch miteinander spazieren gehen. Oder: Wochenenden in größeren Abständen, aber festgelegtem Rhythmus, an denen wir als Paar »allein« etwas Schönes miteinander unternehmen, während wir für die Kinder eine eigene Betreuung organisiert haben, um uns dafür zu entlasten. Oder: Ein Abend in der Woche, an dem wir uns zusammensetzen und darüber sprechen, was uns in der vergangenen Woche persönlich berührt, angesprochen, umgetrieben hat.

Natürlich kann es auch *Ausnahmen* davon geben, wenn etwas Unvorhergesehenes dazwischen kommt, wir sprechen das ab und lassen es darum auch mal ausfallen, aber in der Regel findet unser Paar-Ritual statt, und es ist wichtig, dass wir es mit dem Ausfallen-Lassen nicht leicht nehmen. Es muss dafür einen wirklich ernsthaften Grund geben – so wie es auch früher mit den Ausnahmen war: Wenn ein Unwetter oder ein Wetterumschwung drohte, erlaubte es zum Beispiel der Pfarrer in der Messe den Bauern, auch am Sonntag, »knechtische Arbeit« zu tun und das getrocknete Heu oder die reife Ernte einzufahren! Es konnten Ausnahmen vom ansonsten unbedingt verpflichtenden Ritual gemacht werden, aber es braucht dafür einen triftigen Grund. So ähnlich sollten wir auch mit den Ausnahmen von den vereinbarten Ritualen unserer Paarbeziehung verfahren!

Weitere Elemente von Ritualen sind *ein ähnlicher oder immer gleicher äußerer Ablauf, vorgegebene Handlungen* sowie *vorgegebene und immer wiederkehrende Sprachformeln*. Denken wir an eine kirchliche Hochzeit: Dem Einzug des Paares in die Kirche folgen Gebet, Predigt des Pfarrers, Frage nach dem Ehewillen der Partner, Trauversprechen und Ringübergabe, Segnung des Paares.

Das andere Element bei solchen Ritualen sind aber zusätzlich auch *»Freiräume«, »offene Elemente«:* Die Worte, die der Pfarrer spricht, wählt er selber, die Glückwünsche, die die Gäste den frisch gebackenen Eheleuten mitgeben, die Fürbitten, die für die beiden gesprochen werden usw. Es gibt bei Ritualen also beides: *Vorgegebenes* und »*Freiräume*«, in denen die Möglichkeit für »spontane« oder eigens für diesen Anlass gewählte Beiträge besteht.

Übertragen auf »Paar-Rituale« heißt das: Wir geben uns einen *»Rahmen«* für unsere regelmäßige »Paarzeit« vor, zum Beispiel gehen wir immer am ersten Freitag im Monat in dieses bestimmte Lokal, dort haben wir schon immer den gleichen Tisch reserviert. Dann bestellt einer von uns beiden immer den selben Aperitif, ein Glas Prosecco oder einen Sherry medium, hebt dann das Glas und fragt – gleichsam als vorgegebene »Wort-Formel« – den Partner: »Was haben wir denn heute zu feiern?« Darauf sammeln wir »Gründe« zum Feiern, und dann trinken wir den ersten Schluck darauf. Was dann folgt, ist alles »offen« und unseren spontanen Einfällen und Impulsen überlassen, aber wir haben mit diesem rituellen Rahmen, den Handlungen und Worten einen Beginn gesetzt, der es wahrscheinlich macht, dass dieser Abend eine gemeinsame schöne Erfahrung wird.

Ein anderes Beispiel: Wir haben als »Ritual« vereinbart, dass wir jede Woche einen bestimmten Abend für uns als »Paar-Abend« reservieren und dass in der einen Woche ich dran bin mit der Gestaltung dieses Abends, in der darauffolgenden Woche du, und dies dann abwechselnd so weiter. So habe ich jedes zweite Mal die Möglichkeit, mich überraschen zu lassen, und das jeweils dazwischen liegende Mal habe ich die Verantwortung für die Gestaltung des Abends. Auch das kann einen sehr angenehmen und die Beziehung inspirierenden Abend ergeben. Nebenbei ist das wieder eine sehr hilfreiche Möglichkeit, im wechselseitigen »Geben« und »Nehmen«, im abwechselnden »Mich anvertrauen« und »Verantwortung übernehmen« eine wichtige Ausbalancierung unserer Beziehung zu üben. Ich kenne aus der Paartherapie viele Paare, bei denen diese oder ähnliche Rituale sehr zur Verbesserung der Beziehungsqualität beigetragen haben.

Wenn ich *zusammenfasse*, heißt das also: Paar-Rituale

- *wiederholen* sich in bestimmten kürzeren oder längeren *festgelegten Abständen* in ähnlicher Form.
- Sie haben einen bestimmten *zeitlichen Rahmen* und einen – im einzelnen sehr unterschiedlich festgelegten – *ähnlichen Ablauf* mit festgelegten *»Wort-Formeln«* und *»Handlungen«*.
- Darüber hinaus gibt es aber auch *»offene«, frei gewählte Bestandteile in Worten und Handlungen*, um beidem Rechnung zu tragen: Dem gleichbleibenden Rahmen, an den man sich – im guten Sinn! – gewöhnt und der nötigen Spontaneität, die es braucht, um der Entleerung und Formalisierung vorzubeugen und dem, was gerade aktuell ist, einen angemessenen Rahmen zu geben.

8. Einwände

Genau an dieser Stelle höre ich aber von meinen Lesern einen mir häufig begegnenden Einwand: Wird aus dem Ganzen aber nicht doch ein fürchterlicher Formalismus, der *jegliche Spontaneität zerstört?* Hier erinnere ich an das oben Gesagte: Diese Schwierigkeit stammt aus unserer Erfahrung mit den traditionell vorgegebenen Ritualen in Gesellschaft und Kirche, die von uns heute in ihrem Sinn nicht mehr nachvollziehbar sind und darum als »aufoktroyiert« erlebt werden. Wenn wir solche Rituale selber schaffen und gestalten sowie genügend Raum lassen für die genannten »offenen oder freien Elemente«, ist diese Gefahr viel geringer. Vielmehr schaffen wir damit *Räume und Möglichkeiten*, in denen wir uns bewusst gegen das Ausblenden und Nicht-Beachten der »Realität Beziehung« wenden und uns dafür öffnen, dieser Realität wieder einen konkreten Platz in unserem Leben einzuräumen.

Allerdings sollten wir auf eines achten: Dass wir nur *die* aktuellen Dinge des Alltags ins Ritual hineinnehmen, die *dessen Rahmen nicht zerstören*. Wenn ich den Paarabend im Restaurant und mit einem schönen Essen, zum Beispiel dazu benütze, dem andern um die Ohren zu hauen, was mich gerade vorhin geärgert hat, ist die Chance sehr groß, dass das Ritual zerstört wird und der andere das nächste Mal keine Lust mehr dazu hat. Das heißt nicht: Wir sollten solche Dinge verdrängen. Es heißt aber: Wir brauchen die Fähigkeit, sie zu »verschieben«: Auf eine eigene Zeit danach, möglichst erst am anderen Tag, in der ich dann auf die Störung zurückkomme und etwa sage: »Du, ich möchte mit dir noch etwas besprechen, hast du ein wenig Zeit?« Dann wird dafür ebenfalls der geeignete Rahmen geschaffen, der die Chance enthält, dass auch ein solches Gespräch nicht konflikthaft eskaliert.

Auch hier gibt es natürlich eine Ausnahme: Wenn mich die Störung so umtreibt, dass ich mich – im Blick auf unser Beispiel gesprochen – einfach nicht auf den gemeinsamen freudigen Abend einlassen kann. Dann muss ich das ansprechen und auf den Tisch legen: »Du, ich kann heute Abend nicht, mir macht das ... so zu schaffen, dass ich es mit dir zuerst besprechen muss!« Aber wieder: Wir sollten solche Ausnahmen nicht zu schnell und nicht zu oft machen. Gerade dann, wenn ein solches Ritual noch nicht fest in unserem Verhaltensrepertoire verankert ist, sollten wir uns Ausnahmen erst gut überlegen, bevor wir sie machen. Denn es geht sehr rasch, dass wir dadurch wieder im alten Alltagstrott sind. Neues Verhalten braucht kontinuierliches Üben, damit es selbstverständlich wird.

Außerdem eröffnet die geschilderte Situation zusätzlich ein sehr gutes Übungsfeld für Achtsamkeit: Ich mache mir bewusst, dass mich gerade das Gefühl beherrscht »Nein, heute nicht!« Durch dieses Bewusstwerden bekomme ich Abstand dazu (Beobachterposition!). So kann ich mich hinterfragen: Muss ich heute den gemeinsamen Paarabend wirklich ausfallen lassen? Ist das Gefühl so stark, dass es tatsächlich »nicht geht« und ich die Zeit wirklich für ein Problemgespräch oder dergleichen brauche? Wenn dies nicht ganz unumgänglich ist, kann ich doch auch das Gefühl zurückstellen und mir sagen: Dazu ist auch noch morgen Zeit. Ich stelle den inneren Widerstand, das widerstrebende Gefühl darum zurück und lass mich auf den vereinbarten Abend ein!« Wenn mir das gelingt, bin ich auf dem besten Weg, meinen Gefühlen gegenüber »mein eigener Herr zu werden« und mich nicht von jedem beliebigen Impuls auch in meinem Verhalten steuern zu lassen. Daniel Goleman (2008) nennt das »emotionale Intelligenz«, was ich dabei entwickle. Damit meint er die Fähigkeit, auch meine Gefühle einschätzen und entscheiden zu können, welche ich im Moment zulasse und welche nicht. Häufig zeigt sich dann – gleich mit Blick auf unseren Fall gesprochen: Im Nachhinein bin ich sehr froh, dass ich die widerstrebenden Gefühle zurückgestellt und das Gespräch auf morgen verschoben habe. Denn entweder ist das immer noch Zeit und wir haben stattdessen einen schönen Abend miteinander gehabt, was wahrscheinlich die bessere Voraussetzung für das Gespräch sein dürfte, anstatt heute den gemeinsamen Abend ausfallen zu lassen, auf den sich mein Partner gefreut hat. Oder es stellt sich heraus: Das Problemgespräch ist gar nicht mehr notwendig, weil ich durch die Verschiebung und den gemeinsamen Abend Abstand gewonnen und mir das Thema, das gestern noch so dringlich erschien, nun ganz anders erscheint.

Freilich ist das nicht immer so, und ab und zu ist eine Ausnahme von der Vereinbarung wirklich notwendig, dann muss ich das dem Partner auch zumuten – mit einer möglichst einfühlsamen und zugewandten Ansage – so ähnlich wie oben vorgeschlagen.

9. Achtsamkeit und Rituale

Von dem, was hier über »Paar-Rituale« gesagt wurde, ist noch eine andere, ganz generelle Verbindung zur Übung der »Achtsamkeit« deutlich: Rituale helfen uns dadurch, dass wir sie selbst schaffen und dann in unserem Alltag auf die geschilderte Weise »verankern«, die Aufmerksamkeit immer wieder auf diese für unser Leben und unsere leiblich-seelische Gesundheit so wichtige Realität »Beziehung zum Partner« zu richten, und zwar vor allem auf die positiven Seiten dieser Beziehung. Dabei ist hier die Eigenart und »Subjektivität« der einzelnen Partner und des einzelnen Paares mit berücksichtigt, weil solche Rituale nicht einfach von außen aufgedrängt, sondern selbst entwickelt werden und gleichzeitig wird die »Macht der Gewohnheit« auf eine sinnvolle Weise genutzt, um einer Überforderung unserer Spontaneität entgegen zu wirken.

Vielleicht bleibt hier bei manchen immer noch ein Einwand übrig: »Aber es kann doch sein, dass ich an dem Abend gerade nicht in Stimmung bin dafür, auch wenn nichts Außerordentliches passiert ist! Wie kann denn das dann ›von innen‹ kommen und nicht nur reine Äußerlichkeit bleiben?!« Dazu sage ich: Viele Paare erleben den vorgegebenen Rahmen nicht als Feind ihrer echten Gefühle, sondern als eine große Hilfe: Er ermöglicht gerade durch seine zeitlichen und inhaltlichen Festlegungen, dass die Sehnsüchte, die in jedem von uns vorhanden sind, die Sehnsüchte nach Nähe und Intimität wieder zum Zug kommen und eine Form finden. Der Rahmen und die Worte geben ihnen Raum dafür, dass sie zur Entfaltung kommen können. Unbestritten bleibt natürlich: Auch ein selbst entwickeltes Ritual kann auf die Dauer »ausleiern«, oder es stimmt in seiner Gestaltung nicht mehr mit unserem derzeitigen Entwicklungsstand überein und hilft darum auch nicht mehr, uns als Partner lebendig zu begegnen. Dann freilich sollten wir das zum Thema machen, das Ritual umwandeln, verändern, abschaffen und ein neues dafür entwickeln. Aber auch hier gilt: Wir sollten da nicht zu ungeduldig und zu rasch sein. Regelmäßig geübte Rituale sind ein wertvoller Schutz für die Lebendigkeit unserer Beziehung!

Wenn ich damit einen Leser, eine Leserin nicht überzeugt habe, mein Rat: *Ausprobieren*! Mal damit experimentieren und nach einer gewissen Zeit wieder schauen, ob uns das gut tut oder nicht! Und: Ich wiederhole hier die Bemerkung, die ich oben im Zusammenhang mit den alltäglichen Zärtlichkeiten schon gemacht habe: Wenn sich herausstellt, dass ein oder beide Partner tatsächlich einen unüberwindlichen Widerstand gegen solche Paar-Rituale entwickeln, ist die Frage angebracht: »Ist es wirklich so, dass einer von uns beiden oder wir beide mit dieser Art von Begegnung mit dem Partner nichts anfangen kann, oder könnte das ein Zeichen dafür sein, dass es andere Barrieren davor gibt?« Rituale schaffen Raum für Nähe mit dem Partner. Man kann dem gar nicht ausweichen. Wenn das absolut nicht geht: Könnten nicht tiefer liegende Probleme zwischen uns dahinter sein? Solche, die angesprochen gehörten und an deren Lösung wir dringend herangehen müssten?« Natürlich hätte das dann Vorrang vor irgendwelchen Paar-Ritualen!

10. Sexualität

Zum Schluss möchte ich diesem Kapitel noch etwas anfügen, das »Spontaneitäts-Anwälte« und »-Anwältinnen« abermals schockieren könnte: In die Rituale beziehe ich auch die *gemeinsame Sexualität* mit ein. Auch die Lebendigkeit der gemeinsamen Sexualität unterliegt in Beziehungen, die zu Lebensgemeinschaften geworden sind und über die Zeit hin bestehen, den gleichen »Verschleißerscheinungen« wie alles, was wir bisher besprochen haben.

Wenn die Jahre ins Land gegangen sind, fasziniert uns in aller Regel und von glücklichen Ausnahmen abgesehen der Partner/die Partnerin körperlich, erotisch, sexuell nicht mehr so, wie das am Anfang war. Die Folge davon ist, dass die gemeinsame Sexualität häufig »einschläft« oder immer seltener vollzogen wird, auch wenn es keine eigentlichen körperlichen Beeinträchtigungen, keine »sexuellen Funktionsstörungen« – wie die Fachleute das nennen – gibt wie Anorgasmie, vorzeitigen Samenerguss, Erektionsstörungen oder wie dergleichen »Störungen« im Fachjargon der Therapeuten bezeichnet werden. Was sehr viel häufiger dahintersteckt, ist die Meinung, die natürlich von den heutigen Medien ständig unterstützt wird, zur Sexualität müsste einen jedes Mal das Verlangen hinreißen (häufige männliche Überzeugung) oder man müsste (oft weibliche Meinung) dazu durch das Verlangen des anderen »verführt« werden. Beides aber ist ein wenig lächerlich – nach zehn oder zwanzig Jahren Zusammenleben und Gewöhnung aneinander.

Die Lösung hier ist: Man schläft schlicht deshalb miteinander, weil es beiden Partnern wichtig ist, auch diesen Bereich der körperlichen Intimität in der Beziehung zu erhalten, zu pflegen und zu gestalten, um so die gegenseitige Liebe zu »pflegen« und zu »nähren«. So wartet man bei der Sexualität nicht, bis es einen wieder zueinander »treibt«. Phasenweise und in manchen besonderen Momenten kann dies ja auch in einer Dauer-Beziehung der Fall sein – umso schöner! Aber im Alltag können wir damit nicht rechnen. Vielmehr müssen wir diesen Bereich bewusst pflegen und pflegen wollen. Es kommt nämlich eines dazu: Wenn wir das auch sexuelle Zusammensein nicht mehr regelmäßig pflegen, entsteht hier eine zusätzliche »Tabu-Zone«. Je länger wir nicht miteinander schlafen, desto höher wird für jeden von uns beiden die Hürde, die es zu überwinden gilt, um auf den anderen zuzugehen. Dies lässt das Paar dann in der Folge auch jeglichen anderen zärtlichen Körperkontakt immer mehr vermeiden. Denn sobald sie sich wieder einmal berühren oder umarmen, werden sie an Sexualität erinnert und kommen damit in Kontakt, dass diese zwischen ihnen allmählich zum Tabubereich geworden ist, und weil es ihnen unangenehm ist, daran erinnert zu werden, hören sie überhaupt auf, Körperkontakt zu pflegen. Wenn es aber keinen Körperkontakt mehr zwischen den Partnern gibt, dann ist ein Prozess der generellen Entfremdung zwischen ihnen bereits in vollem Gang.

Ein probates Gegenmittel ist: Wir warten nicht mehr auf den großen »Kick«. Wir warten auch nicht darauf, dass der Partner plötzlich wieder zum großen Verführer oder zur unwiderstehlich verführerischen Frau wird. Nein, wir gehen bewusst aufeinander zu, um auch den sexuellen Kontakt miteinander zu pflegen und zu gestalten. Und dazu helfen wieder: Rituale!

Sie könnten in diesem Bereich zum Beispiel darin bestehen, dass wir uns auch für die gemeinsame Sexualität *regelmäßig wiederkehrende Zeiten und Räume* reservieren, in denen möglichst jede Störung ausgeschaltet wird, sodass wir nicht unter Druck stehen. Druck und eine »schnelle Nummer«, das funktioniert mit der Zeit immer weniger. Wenn es beiden oder einem von beiden eine Hilfe ist, können wir dabei im Hintergrund eine bestimmte Musik laufen lassen, die unsere Sinnlichkeit anregt. Oder wir ölen uns mit einem duftenden Körperöl ein und massieren uns wechsel- oder einseitig, machen also etwas miteinander und aneinander, was uns gut tut. Und darauf hin probieren wir aus, was auch direkt sexuell zwischen uns möglich ist. Das muss nicht immer die große Ekstase sein, auch nicht immer ein gemeinsamer Orgasmus der Spitzenklasse, das kann auch hintereinander oder überhaupt mal nur einseitig passieren. Man stimuliert einander so, wie man weiß, dass der andere am ehesten »in Fahrt« kommt, und man achtet darauf, dass alles ohne Krampf und hinderliche »Zielorientierung« vonstatten geht. Sich und den anderen keinem Zwang aussetzen und sich nicht unter Druck setzen! Es »muss« nichts sein! Was möglich ist, ist möglich, und beim nächsten Mal kann es wieder ganz anders sein. Vor allem bei älteren Paaren (Jaeggi 2005, S. 109–116) und solchen, die schon sehr lange zusammen leben, ist diese einerseits ganz gelöste und andererseits »rituelle« Herangehensweise sehr hilfreich und kann sehr genussvoll für beide sein!

Hilfreich kann wie bei den anderen Paar-Ritualen auch sein, wenn *abwechselnd einmal der eine, dann wieder der andere Initiative und Verantwortung für die Gestaltung* übernimmt, sodass verschiedene Variationen und Vorlieben zur Geltung kommen. Damit kann man einem eintönig werdenden immer gleichen Ablauf vorbeugen.

Sexualität, die nicht mehr in erster Linie aus der Not und Dringlichkeit körperlicher Bedürfnisse kommt, sondern aus *Liebes*-Bedürfnis, aus dem Bedürfnis nach umfassender Begegnung, wird – von besonderen Situationen einmal abgesehen – nicht mehr so leidenschaftlich sein, wie die Sexualität in der Verliebtheitsphase des Paares. Sie kann aber auf einer anderen Ebene sehr viel intensiver erlebt werden: Wenn man zur Sexualität nicht einfach vom intensiven Verlangen »hingerissen« wird, sondern diesen Bereich auf diese oder ähnliche Weise bewusst pflegt und gestaltet, begegnet man sich dabei unter Umständen auf der persönlichen Ebene sehr viel tiefer! Denn man erlebt die Gefühle, seine und die Erregung des Partners, sehr viel intensiver als *gemeinsame* Erfahrung als beim sexuellen Akt, von dem man einfach »hingerissen« wird und bei dem man sehr viel mehr »nur bei sich allein« bleibt. Sexualität wird dann *zum gemeinsamen Vollzug und gemeinsamen Erleben*. Das ist auch der Grund, dass der sexuelle Akt zwischen Mann und Frau in einer spirituellen Richtung des Ostens, im sogenannten »Tantrismus« als eine wichtige spirituelle Übung gilt, in der beide Partner sich helfen, gemeinsam »über sich hinauszuwachsen«.

Der Alltag der Beziehung braucht Achtsamkeit

Aus dem, was ich in den verschiedenen Ausführungen dieses Kapitels gesagt habe, wird wohl deutlich: Gerade in der Dauerbeziehung ist die Übung der Achtsamkeit ein zentrales *Gegenmittel gegen Gewöhnung*, gegen Alltagstrott und schleichende Entfremdung der Partner voneinander. Und: Gerade im gemeinsamen Leben gibt es *tausend kleine Möglichkeiten*, diese Haltung immer wieder bewusst einzunehmen und zu üben.

Sicherlich benennt das nicht jedes Paar mit diesen Begriffen »Achtsamkeit« und »Übung der Achtsamkeit«, aber ich wage die Behauptung aufzustellen: Wenn in einer Paarbeziehung auch nach Jahren des Zusammenseins die Liebe noch lebendig ist, dann wird von den Partnern Achtsamkeit im Alltag geübt und vollzogen, auch wenn sie das vielleicht mit einem anderen Begriff oder gar nicht ausdrücklich benennen. Wenn Paare dies vernachlässigen, schlittern sie im Laufe der Zeit fast mit Notwendigkeit in Leere und Entfremdung voneinander hinein.

9. Kapitel

Übung der Achtsamkeit – ein Autonomietraining

Vor allem im vorausgehenden Kapitel haben wir uns die unterschiedlichsten Alltagssituationen vor Augen geführt – immer mit der Fragestellung, was hier Achtsamkeit konkret bedeuten könnte. Diese Einzelaspekte möchte ich in diesem Kapitel in einen mehr grundsätzlichen Rahmen einfügen: Welche Bedeutung hat die Übung der Achtsamkeit ganz allgemein für das Leben der Partner in einer Paarbeziehung? Meine Antwort darauf lautet: Sie ist das wohl wichtigste und fundamentalste *Training in persönlicher Autonomie.*

Was ist Autonomie?

Was verstehe ich in unserem Zusammenhang unter *Autonomie*? Wir sind diesem Begriff bereits bei unseren Erwägungen über die Polaritäten in unseren häufigen Konfliktmustern (Kap. 3) begegnet. Hier haben wir Autonomie in einem gewissen Gegensatz zu »Bindung« beschrieben: Als den Bereich des Individuellen, des »Ich« dem Bereich des »Wir«, der Beziehung zum Partner gegenüber, und manchmal auch im Gegensatz dazu. Zwischen beidem entsteht ja tatsächlich oft eine konflikthafte Spannung in der Beziehung: Wenn ich für *mich* sorge, wenn ich darauf schaue, dass *meine* Interessen zum Tragen kommen, kann das in Gegensatz geraten zu den Interessen des Partners, der vielleicht gerade in diesem

Moment mit mir zusammen sein und »Beziehung pflegen« möchte. Diese Spannung – so haben wir es in Kap. 3 gesehen – steigert sich dann leicht zu einer jener konfliktträchtigen Polarisierungen, die dort beschrieben wurden, und die sich dann zu den scheinbar unaufhaltsamen schlimmen »Konfliktspiralen« auswachsen.

Wenn wir allerdings das Thema »Autonomie« grundsätzlicher betrachten, zeigt sich, dass zwischen beidem, zwischen *Autonomie und Bindung kein grundlegender Gegensatz*, kein Widerspruch besteht. Im Gegenteil: Entwicklungsgeschichtlich betrachtet ist es ja so, dass beides aufs Engste zusammenhängt: Am Anfang des Lebens muss zwischen Kind und Eltern eine sichere Bindung entstehen. Erst aus dieser sicheren Bindung heraus fasst das Kind den Mut, sich auf den Weg zu machen, die Welt, die es umgibt, zu erkunden und zu erforschen, also eine eigene Autonomie zu entwickeln. Echte Autonomie ist nur möglich auf der Basis von sicher erfahrener Bindung.

Genau dasselbe gilt dann aber auch umgekehrt: *Eine reife, erwachsene Bindung braucht als Voraussetzung eine gut entwickelte Autonomie.* Nur ein autonomer, selb-ständiger Mensch, der also auf »seinen eigenen Beinen steht«, kann auch eine reife Bindung eingehen. Ansonsten überfällt ihn die Angst, sich durch die Bindungswünsche des anderen selbst zu verlieren, wie der Müllerssohn im Märchen, der von der bösen Nixe in die Tiefe des Wassers gezogen wird … Am Anfang steht also die sichere Bindung. Daraus entwickelt der Mensch die Fähigkeit, ein autonomes Leben zu führen. Dieses wiederum befähigt ihn dazu, feste Bindungen einzugehen, ohne sich selbst dabei zu verlieren.

Was geschieht aber in den Beziehungen des Erwachsenen, wenn dieser als Kind und Heranwachsender keine sichere Autonomie entwickeln konnte, weil seine Bindung an die Eltern nicht gelungen ist? Ich schildere dies in extremer Form, um es besonders deutlich zu machen: Entweder wird der Erwachsene aus ungestillter Bindungssehnsucht heraus seine Partnerin/seinen Partner zu einer Art *Eltern-Ersatz* machen und sich an ihn/sie anklammern wie ein Kind an die Mutter, weil er Angst hat, sonst allein und ohne Halt in der Welt verloren zu sein. Oder aber – und dies ist eine zweite Form von möglicher Fehlentwicklung – er vermeidet, sich überhaupt je auf eine feste Bindung einzulassen, weil ihm jede Bindung dieser Art Angst macht, sich selbst zu verlieren und vom anderen gleichsam »aufgefressen« zu werden. Er wechselt darum in rascher Folge die Partner/Partnerinnen oder geht überhaupt als Einsamer durch die Welt, entwickelt also eine Art »Not-Autonomie«, in der er im Alltag einigermaßen zurecht kommt, die ihm aber nicht das Gefühl vermittelt, ein erfülltes Leben zu haben.

Wenn ich dagegen eine reife Autonomie entwickeln konnte, weil ich als Kind in einem ausgewogenen Verhältnis sichere Bindung *und* Unterstützung für meine autonomen Bestrebungen erfahren habe, kann es mir als Erwachsenem auch gelingen, zum Partner eine feste Bindung zu entwickeln, die kein unreifes »Anklammern« bedeutet, sondern den anderen dennoch freigibt für die Entwicklung meiner und seiner individuellen Interessen. Das heißt: Auch wenn ich mich zum anderen hingezogen fühle, auch wenn ich mich nach ihm sehne, er ist aber zum Beispiel gerade nicht da, falle ich trotzdem nicht »ins Loch« der Depression und Angst, fühle mich nicht verloren in der Welt, sondern kann seine eigenen Wege mit Wohlwollen begleiten, weil ich auch gelernt habe, meine eigenen Wege zu finden, für mich selber zu sorgen, in mir selber Halt zu haben und mich auch mit »mir allein« wohl zu fühlen.

Oder: Wenn der andere da ist und mich braucht, bekomme ich trotzdem keine Angst, von ihm«aufgefressen« zu werden und muss mich nicht zurückziehen, sondern kann mich ihm öffnen und hingeben, ohne das Gefühl, mich dabei zu verlieren und nicht mehr ich selbst zu sein. Und wenn der andere nicht zur Verfügung steht, muss ich auch nicht sofort eine *neue* Bindung (zum Beispiel in einer Außenbeziehung) eingehen, um wieder Boden unter den Füßen zu gewinnen, sondern kann auf den andern, auch in seiner Abwesenheit, bezogen bleiben.

Das Geschilderte charakterisiert extreme Formen von konflikthafter Polarisierung zwischen den Partnern und hat zweifellos pathologischen Charakter. An dieser extremen Form wird aber besonders deutlich, was auch in Alltagsbeziehungen immer wieder vorkommt und Paaren Kummer macht. Denn auch im Alltag des konkreten Zusammenlebens psychisch gesunder Menschen können die Bedürfnisse der Bindung des einen mit den Bedürfnissen der Autonomie des anderen bisweilen in Gegensatz zueinander geraten, weil es eben häufig geschieht, dass die unterschiedlichen Bedürfnisse der Partner – nach Autonomie einerseits und nach Bindung andererseits – hier in dieser konkreten Situation gleichsam »aufeinander prallen«. Diesen Gegensatz können wir oft nicht in einer guten Weise durch »Nachgeben« oder einen guten Kompromiss ausgleichen, sondern daraus kann sich schnell der typische Konflikt entwickeln, in den wir uns festfahren oder wechselseitig hineinsteigern, so wie es in Kapitel 3 in verschiedenen Variationen geschildert wurde.

Denn jeder von uns, auch wenn er imstande ist, im normalen Leben ein einigermaßen ausgewogenes Verhältnis von Autonomie und Bindung aufrechtzuerhalten, hat natürlich auch seine – wie wir es genannt haben – »wunden Punkte« bei diesem Thema, die er aus den Erfahrungen seiner Kindheit mitbringt. Der eine der Partner sucht im Konfliktfall deshalb aus übertriebener Verlustangst Bindung durch »Klammern«, und der andere wählt aus übertriebener Angst, seiner Autonomie beraubt zu werden, den Weg von Abwehr und Rückzug. Beide haben nämlich als Kinder solche Auswege gefunden, um mit ihren jeweiligen »wunden Punkten« aus der

Kindheit leben zu können. Sie greifen sozusagen zurück auf ihre »gelernten Muster«: Der eine auf Anklammern, weil für ihn sehr schnell die Gefahr von Verlust droht, der andere auf Rückzug, Abwehr und Distanz, weil er sich leicht vom anderen festgehalten fühlt. Dadurch erleben sie dann einen immer stärkeren Gegensatz zum anderen, und das heißt: Sie polarisieren sich, erleben Frustration und werden wütend aufeinander, auch wenn sie im gewöhnlichen Leben durchaus Bindung und Autonomie einigermaßen in Balance halten können.

Achtsamkeit als Autonomie-Training

In einer Beziehung, die befriedigend ist, braucht es also beides: Die Fähigkeit, Bindung zu leben, ohne dabei die eigene Autonomie zu verlieren, und die Fähigkeit, autonom zu sein, ohne dabei die Bindung aufkündigen zu müssen, und zwar auch dann, wenn die Bedürfnisse nach beidem gerade unterschiedlich sind, und auch dann, wenn dabei »wunde Punkte« unserer »inneren Kinder« berührt werden. Wenn ich mich gerade zurückziehen will, weil ich für mich sein möchte, und der andere bittet mich, einkaufen zu gehen, weil er gerade so viel um die Ohren hat, bin ich imstande, meinen Wunsch zurückzustellen, ohne Angst, dadurch zum Knecht des anderen zu werden und so meine Autonomie zu verlieren. Und wenn ich gerade mit dem anderen spazieren gehen möchte, und der andere will im selben Moment für sich allein sein, brauche ich nicht gleich mit Verlustangst und Ärger zu reagieren (»Du willst ja nie etwas mit mir zusammen tun!«), sondern kann auch gelassen alleine gehen. Dies sind zwei kleine Beispiele für reife Autonomie und zugleich für reife Bindung. Beide Fähigkeiten, die zur Bindung und die zur Autonomie, schließen sich hier nicht mehr aus, sondern die eine ist mit der anderen verbunden: Autonomie mit Bindung und Bindung mit Autonomie. Und darum geht es in diesem Kapitel, und zwar vor allem jetzt aus dem Blickwinkel einer autonomen Position. Hier möchte ich deutlich machen: *Um eine reife Autonomie zu entwickeln oder weiter zu entwickeln, die es möglich macht, auch eine reife Bindung zum Partner einzugehen, kann die Übung der Achtsamkeit sehr nützlich sein und eine zentrale Bedeutung bekommen.*

Denn was geschieht eigentlich, wenn ich meinen inneren Impulsen und Gefühlen, also inneren Reaktionen, spontan folge? Richte ich mich da eigentlich nach mir selbst? Nein! Wenn wir es genau nehmen, müssen wir sagen: Ich richte mich, obwohl es *meine* Gefühle sind, nicht nach mir, sondern lasse mich vom anderen bestimmen, von dessen Verhalten, von dem »Reiz«, der von ihm auf mich trifft, nicht von meiner eigenen bewussten Entscheidung. Wenn mich der andere durch seine Worte und durch sein Verhalten ärgert, und ich schlage sofort zurück, bin ich also eigentlich »fremdgesteuert«. Doris ist in ihrer ersten Reaktion durch Franks Frage nicht durch sich selbst, sondern von Frank gesteuert. Würde sie das Steuer selbst in die Hand nehmen, würde sie sich zwischen diesem Reiz, der von ihm in seiner Frage ausgeht, und ihrer ärgerlichen äußeren Reaktion die Freiheit nehmen, selbst zu entscheiden, wie sie reagieren will. Dies wäre dann autonom. Sich diesen Raum der Freiheit zu schaffen, haben wir immer wieder als »Übung der Achtsamkeit« bezeichnet.

Mit der Übung der Achtsamkeit trainieren wir also unsere Fähigkeit zur Autonomie. Ich kann dadurch lernen, auch wenn mich das Verhalten des Partners kränkt, beleidigt, irritiert, alle möglichen Gefühle in mir auslöst, nicht zum giftigen Gegenschlag ausholen zu »müssen«, oder zu verstummen oder aus dem Raum zu laufen usw., wie es meinen spontanen Impulsen entspräche. Dadurch würde ich mich ja schon in die Abhängigkeit vom anderen begeben, weil ich ihn darüber bestimmen ließe, wie ich reagiere. Training der Autonomie durch Achtsamkeit hingegen würde bedeuten, dass ich mich bewusst entscheide, wie *ich* reagieren will: Mein Befremden äußern oder sagen, warum mich das jetzt verletzt, oder ablenken von der Situation, weil mir im Moment etwas anderes wichtiger erscheint. Damit begäbe ich mich in eine autonome Position, die wahrscheinlich auch der Beziehung gut täte, weil dadurch die erwähnten Teufelskreise nicht in Gang kämen. Ich würde durch meine autonome Reaktion also auch die Beziehung stärken: Weil der andere später vielleicht erkennt, was dadurch vermieden wurde, oder weil er eine neue Einsicht gewinnt, wenn wir später »ruhig« über die betreffende Situation sprechen und er daran merkt, wie viel mir, seinem Partner, an einer guten Beziehung zu ihm liegt.

Achtsamkeit ist also Training in reifer Autonomie oder – wie sie auch genannt wird – »bezogener Autonomie«. In der Übung der Achtsamkeit trainiere ich ja, immer wieder auf diesen kleinen Abstand zum Geschehen zu gehen, der mir die nicht-»automatische« Reaktion, nämlich die autonome Entscheidung für ein Verhalten ermöglicht, das nicht destruktiv, sondern sogar förderlich für unsere Paarbeziehung ist.

Klingt das aber nicht doch ein wenig so, als würde ich mich durch die Übung der Achtsamkeit auf einen »Autonomie-Thron« setzen, erhaben und unberührbar von allem konkreten Geschehen? Werde ich so nicht zu einem »Selbstverwirklichungs-Apostel«, den alles andere nichts mehr angeht und dem nichts etwas anhaben kann? Nein, ganz und gar nicht! Denn erstens heißt Achtsamkeit ja gerade auch, meine inneren Reaktionen deutlich wahrzunehmen, auch meine Gereiztheit, auch meine Verletztheit und Verletzlichkeit oder was immer für Gefühle es sind. Und zweitens heißt Achtsamkeit zugleich auch, auf die Situation meines Gegenübers im Hier und Jetzt aufmerksam zu sein und sie in mein Handeln einzubeziehen. In der Übung der Achtsamkeit gehe ich nicht, jedenfalls nicht notwendigerweise in eine »einsame«, zurückgezogene und vom anderen abgekoppelte Position, nicht in einen Bereich, in dem ich vom anderen »unberührbar« geworden bin. Vielmehr ist es gerade jene Position, die Voraussetzung dafür ist, dass ich dem Partner trotz vielleicht negativer Gefühle meinerseits, auch in einer zugewandten, rücksichtsvollen Art begegnen kann. Ich nehme eine autonome Position ein, die gleichzeitig auf den anderen bezogen bleibt. Hier wird nochmals der Zusammenhang von reifer Autonomie und reifer Bindung deutlich!

Ganz Ähnliches lässt sich natürlich auch bei den weiteren Schritten sagen, die wir in den vorausgehenden Kapiteln gemacht haben: Um bei unserem Zusammentreffen die »*gefährlichen Konfliktmuster*« zwischen uns und auch die jeweils verschiedenen *Situationen, aus denen jeder von uns im Moment des Zusammentreffens kommt*, zu beachten (Kap. 3 und 4), anstatt irgendetwas zu sagen oder zu tun, was mir gerade in den Sinn kommt (wie es in unserem Beispiel Frank macht), und damit meinen Partner womöglich sehr zu verletzen, braucht es Achtsamkeit, und das heißt – aus dem Blickwinkel dieser Kapitel betrachtet: Ich lasse mich nicht einfach von meinem »automatischen« Impuls bestimmen, sondern gehe bewusst auf Abstand dazu und gewinne so die Autonomie, das zu sagen oder zu tun, was mir in *dieser* Situation, in der jeder gerade aus *seiner* Welt kommt, angemessen erscheint. Und so ist es auch, wenn ich immer wieder übe, in kritischen Situationen an *das »verletzte innere Kind« des Partners* und mein eigenes inneres verletztes Kind zu denken (Kap. 5), statt mich einfach vom ersten Impuls zu einer Aktion oder Reaktion verleiten zu lassen, darauf einzuschlagen. Oder auch, wenn ich mir immer wieder einmal (Kap. 6) die *Ressourcen unserer Beziehung* bewusst mache, oder auch darauf achte, wo noch *unerledigte Verletzungen* (Kap. 7) aus unserer Geschichte als »unfinished business« in unserer Gegenwart wieder auftauchen, und schließlich in all den ganz »gewöhnlichen« *Alltagssituationen*, die wir angesprochen haben (Kap.

8): Immer wieder braucht es, statt sich von »automatischen« Impulsen steuern zu lassen, denen wir uns einfach überlassen, das bewusste, in der Achtsamkeitsübung vollzogene »Abstand-Nehmen«. Daraus kann dann die bewusste, autonome Entscheidung folgen: Das will ich und das will ich nicht! *In diesem Sinn also ist die Achtsamkeitsübung ein ständiges Training der eigenen Autonomie* und damit zugleich wesentliches Element einer *reif gewordenen erwachsenen Bindung.*

Und wenn es trotzdem nicht »funktioniert«?

Meiner Erfahrung nach kann es allerdings trotz allem Eifer im Training der eigenen Autonomie durch die Achtsamkeitsübung immer wieder misslingen, beim Kontakt mit dem Partner den »eigenen Stand« der Autonomie zu behalten, aus dem heraus wir mit Bedacht, Rücksicht auf uns selbst und Rücksicht auf den Partner reagieren. Was dann?

1. Als erstes: Wir sollten mit diesem Urteil, dass es »halt nicht möglich ist«, nicht zu schnell sein! *Es braucht Übung.* Machen wir uns bewusst, mit welchem Eifer zum Beispiel Sportler lange und beständig üben, um bestimmte Ziele zu erreichen. Es geht auch nicht beim ersten Mal, und oft auch noch nicht nach längerer Zeit. Sie müssen sich da wirklich »reinhängen«. Bei Verhaltensweisen im zwischenmenschlichen Kontakt liegt uns eine solche Idee ausdauernden »Trainings« meist nicht so nahe, aber es ist hier genau das Gleiche. Manchmal wird es vielleicht gelingen und oftmals nicht! Dann heißt es: »Weitermachen!«. Das bedeutet vielleicht: nochmals dran gehen, mir zunächst im Nachhinein zu überlegen: »Was ist da in der schwierigen Situation bei mir vor sich gegangen?«, und darauf als zweites in die Zukunft zu schauen: »Wann wird eine ähnliche Situation eintreten? Und

welche Verhaltensalternativen gäbe es dann für mich?« In dieser nächsten Situation werde ich mich daran schon eher erinnern und ein anderes, günstigeres Verhalten wählen können. Das zu registrieren und mich darüber zu freuen, dass es mir gelungen ist, ist hier wichtig, denn Erfolgserlebnisse, auch wenn sie noch so »unbedeutend« erscheinen, motivieren zu höherer Bewusstheit beim nächsten Mal. Bei diesem nächsten Mal wird es dann noch ein Stück leichter sein, die nötige Distanz zu finden, zu mir zu gehen und mich für dieses günstigere Verhalten zu entscheiden – so wie beim Training an einem Sportgerät, an dem ich den Vorgang immer wieder wiederhole, bis ich das gewünschte Ergebnis erzielt, die etwas höhere Latte übersprungen habe, und bis es eine Art »Gewohnheit« wird, dieses Ergebnis zu erzielen!

Man sollte nicht unterschätzen, was dies bewirken kann, vor allem wenn ich mir außerdem eventuelle Hintergründe bewusst mache, *warum* es in manchen Situationen so schwer ist, dieses Ergebnis im Kontakt mit dem Partner zu erreichen – so wie wir es hier in den Kapiteln, die der Beschreibung der unmittelbaren Kommunikations-Situation zwischen Doris und Frank folgten, dargelegt haben. Um in einer Beziehung immer wieder die autonome Position einzunehmen, die es mir ermöglicht, auch angemessen auf den Partner einzugehen, braucht es dieses Training, denn das geht in den allermeisten Fällen nicht »von selber« und »spontan«. Es kann aber durch Übung immer selbstverständlicher und »spontaner« werden, aber zunächst muss es »gelernt« werden!

Eine zusätzliche Hilfe für dieses Lernen kann auch sein, wenn ich zunächst oder jedenfalls *auch* »ungefährliche« Alltagssituationen, wie wir sie oben (Kap.8) beschrieben haben, wähle, um mich in dieser Achtsamkeit zu üben, bevor ich an die »kritischen« Punkte herangehe, bei denen wir uns meist konflikthaft verhaken. In den »ungefährlicheren« Situationen, wie beim Abschieds- oder Willkommensgruß oder beim Ansprechen dessen, was mir am Partner gefällt usw. ist es leichter, Achtsamkeit zu üben und dem Partner z. B. bewusst ein nettes Wort zu sagen oder ein liebevolles Zeichen zu geben. Dies hat mehrere Vorteile: Es schafft Erfolgserlebnisse, die mich motivieren, auch die schwierigen Situationen wieder aufzugreifen, und es verbessert die Gesamtatmosphäre in der Beziehung, was die Sache zusätzlich leichter macht.

2. Dennoch kann es sein, dass es nicht gelingt. Dass es wie ein Zwang ist, in bestimmten Situationen über den Partner meine destruktive Wut auszuschütten, mich sprachlos und wie automatisch zurückzuziehen, mich vor Angst selber zu blockieren, sarkastisch und abwertend zu werden usw. – was eben mein »typisches Konfliktverhalten« in solchen Situationen ist. Und dass alles Training nichts hilft: Immer wieder rassle ich, rasseln wir da hinein – und schon ist die bekannte Konfliktspirale in Gang. *Was dann?* Als erstes will ich hier raten: Dann ist es an der Zeit, *eine Paarberatung oder Paartherapie in Anspruch zu nehmen.* Wer genauere Informationen über die Anzeichen sucht, wann dies notwendig wird, oder darüber, wie eine solche Beratung/Therapie »läuft« und was dabei geschieht, der kann und soll auch Bücher dazu konsultieren (z. B. Jellouschek 2005). Denn meist kann hier nur der Profi helfen. Gerade das Dazukommen eines fachlich geschulten Dritten kann nämlich beiden Partnern ermöglichen, wieder mehr auf die nötige Distanz zu sich selbst und den kritischen Situationen zu kommen, um die beschriebene Autonomie-Position einzunehmen, aus der heraus Veränderung möglich wird.

3. Außerdem erlebe ich immer wieder: In einer solchen Beratung/Therapie wird den Partnern deutlich: Hier taucht immer wieder »mein Lebensthema« auf (s. Kap. 5), mein »wunder Punkt«, die offene oder schlecht verheilte »Wunde« meines »inneren Kindes«! Wenn es nicht gelingt, im Zusammenleben des Paares gut und immer besser mit diesen

meinen »wunden Punkten« und denen des Partners umzugehen, kann es auch sehr sinnvoll und notwendig werden, dass einer oder beide eine Einzeltherapie in Anspruch nehmen, die dann der »Heilung« dieses »inneren Kindes« gewidmet ist. In aller Regel haben Menschen, die den Weg der Achtsamkeitsübung gewählt haben, durch ihre Erfahrungen in den eigenen »Trainings«-Anstrengungen oder auch in einem Prozess der Paarberatung, den sie miteinander angefangen haben, schon so viele Einsichten gewonnen, dass dies nicht eine zeitlich schier endlose Einzel-Therapie sein muss, sondern in einer überschaubaren Zeit bewältigt werden kann.

Ich möchte Mut machen, diesen Weg einzuschlagen: Wo immer wiederkehrende Konflikte im Zusammentreffen mit dem Partner auftauchen, sich zunächst für das »Training der eigenen Autonomie« durch die in diesem Buch beschriebene Achtsamkeitsübungen zu entschließen, dann – wenn dies noch nicht zum Erfolg führt – sich durch eine gemeinsame Paartherapie/Paarberatung Hilfe zu holen und diese unter Umständen durch eine einseitige oder beidseitige Einzeltherapie zu ergänzen. Damit werden wir uns das ermöglichen, was wir alle ersehnen: Dass unsere wechselseitige Liebe wieder auflebt oder sich sehr vertieft, was nicht nur unsere eigene Lebensqualität entscheidend erhöhen, sondern auch unseren Kindern und unseren Mitmenschen ein besseres Leben mit uns und eine hoffnungsvollere Zukunft ermöglichen wird.

Achtsamkeit – Autonomie – Beziehungsstabilität

Aus dem zuletzt Gesagten ist wohl deutlich geworden: Eine durch die ständige Übung der Achtsamkeit trainierte Autonomie wird schließlich auch die stärkste Unterstützung für die Aufrechterhaltung von Beziehungsstabilität über die Zeit hin. Warum? Heutige Paare legen in der Regel großen Wert auf die Autonomie jedes Einzelnen: Die heutigen Männer ohnehin und die Frauen neuerdings auch und in wachsendem Maß. Das heißt, wenn sie sich in der Beziehung vom andern festgehalten, gegängelt, geklammert fühlen, schneidet ihnen das die Luft zum Atmen ab. Zur Bindung »verdammt zu sein«, wie es früher die Frauen waren, weil sie sonst nicht hätten überleben können, diese Zeit ist ein für allemal vorbei. Das heißt: Wenn einer sich vom anderen »umklammert« fühlt, wird es immer wahrscheinlicher, dass er/sie sich davon zu befreien versucht. Eine Trennung wird dann immer wahrscheinlicher.

Das besagt allerdings trotzdem keineswegs, dass die Menschen heutzutage nicht mehr bindungswillig seien. Repräsentative Untersuchungen haben gezeigt, dass sie sich in großer Mehrzahl nach wie vor nach stabilen, ja lebenslangen Beziehungen sehnen. Bindung ist also keineswegs »out«. Allerdings: Damit sie es darin aushalten, muss auch für sie als autonome Individuen Platz sein. Sie wünschen sich Ver-*bind*-lichkeit, innerhalb der sie auch ihre individuelle Freiheit und Autonomie leben können, ja in der Partner diese sogar gegenseitig fördern und nicht zu sehr einschränken. Freilich gibt es dabei auch Unterschiede zwischen den Partnern, sogar »Polaritäten«. Das heißt, dass der eine innerhalb dieser Polarität mehr in Richtung Autonomie für sich selbst tendiert, der andere mehr in Richtung Bindung, Raum für uns als Paar. Daraus ergeben sich – wie wir gesehen haben – oft »typische Konfliktmuster«. Das heißt: Paare sind nach wie vor auf der Suche nach Bindung zum anderen, aber nach einer, die mit ihrer Autonomie nicht in Widerspruch kommt. Dies ist aber genau die Form von reifer Autonomie, die wir vorhin beschrieben haben, die durch die Übung der Achtsamkeit täglich trainiert werden kann.

Wie so etwas aussehen kann, das sei nochmals an zwei konkreten Aussagen veranschaulicht:

Aussage eines Partners zum anderen« Ich wollte zwar gerade mit dir zusammen sein (= Bindung pflegen), ist aber in Ordnung für mich, wenn du allein etwas für dich machst (= Autonomie lebst)«.

Zweite Aussage des zweiten Partners zum ersten: »Du möchtest gerade mit mir zusammen ausgehen. Ich wollte zwar gerade etwas für mich allein machen, aber ich mach mit«.

So sehen reife Autonomie und reife Bindungsfähigkeit aus: In der ersten Aussage bringt der/die Sprechende den Wunsch nach Bindung zum Ausdruck, der aber den anderen in seinem polaren Bedürfnis nach Autonomie nicht einschränkt, sondern akzeptiert. In der zweiten Aussage kommt zum Ausdruck, dass der/die Sprechende wohl in Kontakt zu seinem Bedürfnis nach Autonomie ist, aber dieses auch – vorübergehend – zurückstellen und sich auf den anderen und damit auf Bindung einlassen kann. Beides ist hier nicht mehr im Widerspruch zueinander. Dies schließt natürlich nicht aus, dass es manchmal, wenn diese Polarität Autonomie – Bindung berührt wird, auch zu Konflikten kommt, es ist aber wahrscheinlich – und wird immer wahrscheinlicher –, dass sich die Partner nicht mehr in Teufelskreis-Konflikt-Ketten verwickeln, sondern sich auf dem Weg zur Entwicklung einer reifen Autonomie und reifen Bindungsfähigkeit unterstützen.

Somit ist Autonomie, die zugleich Bindung ermöglicht und Bindung, die auch Autonomie eröffnet, heutzutage einer der wichtigsten, wenn nicht *der* wichtigste Faktor, dass Paare es auf die Dauer »miteinander aushalten«, und Achtsamkeit unter diesem Blickwinkel eine der wichtigsten, wenn nicht *die* wichtigste Übung, um Stabilität zu erreichen.

10. Kapitel
Achtsamkeit und Spiritualität

Achtsamkeit zu üben, heißt – so haben wir gesehen: Mit meiner Aufmerksamkeit immer wieder ins Hier und Jetzt zu kommen, immer wieder bei dem zu sein, was gerade in diesem Moment in mir ist und um mich ist; heißt also auch, bei dem zu sein, was gerade in diesem Moment auf mich zukommt (»Reiz«) und darauf zu achten, wie ich zunächst und vor jeder äußeren »Reaktion« innerlich darauf reagiere. Und wir haben gesehen, was alles unsere inneren Reaktionen bestimmt und beeinflusst: Die gewohnten und gelernten »Konfliktmuster«, das »System« oder die »Welt«, aus der wir gerade kommen, unsere gemeinsame Vergangenheit (»Verletzungen«) und unsere frühere Vergangenheit (Herkunftsfamilie). All das spielt in die Gegenwart hinein – auch in diesem Moment, in dem wir uns gerade befinden. Wir haben gesehen, dass wir uns in unseren äußeren Reaktionen häufig davon bestimmen lassen, obwohl dies oft ganz und gar nicht zum gegenwärtigen Moment »passt« und Konflikte heraufbeschwört, die wir »eigentlich« gar nicht wollten. Die Übung der Achtsamkeit soll uns in den verschiedensten Situationen des Alltags *in die Gegenwart bringen*, in diesen Moment und diesem Menschen gegenüber (hier hauptsächlich: unserem Partner). Wir begeben uns damit in die immer wieder erwähnte »Beobachterposition«, aus der heraus wir Freiheitsgrade gewinnen, auch »anders« als gewohnt und anders, als unsere inneren Reaktionen es »wollen«, zu reagieren, nämlich so, wie es der *jetzigen* Situation und meinem Partner in *diesem* Moment entspricht.

Das klingt alles sehr alltagspraktisch und nüchtern. Nun habe ich aber im ersten Kapitel auch erwähnt, dass die Übung der Achtsamkeit *aus einem religiösen Zusammenhang* stammt: Nämlich aus der Spiritualität des Buddhismus. Den assoziieren wir eher mit etwas Ausgefallenem, ja »Esoterischem«, mit Meditieren, Fasten, Schweigen und Zurückgezogenheit aus der Welt. So wie ich in diesem Buch von Achtsamkeit gesprochen habe, ist dazu wohl schwer eine Verbindung herzustellen. Und trotzdem lesen wir bei einem bedeutenden spirituellen Lehrer unserer Tage, bei Willigis Jäger, den Satz: »Die Achtsamkeit ist der Ausgangspunkt und das Herz aller spirituellen Wege« (Jäger 2010, S. 47). Und: »Diese Übung öffnet uns den Zugang zu den Tiefen unseres Seins« (Jäger 2010, S. 49). »Tiefen des Seins« – in unserem Zusammenhang? Hier sollte diese Übung »lediglich« unserer Partnerschaft und einem besseren Zusammenleben im Alltag dienen. Wie passt das zusammen? Ist mit Achtsamkeit hier und dort vielleicht etwas völlig anderes gemeint?

Das ist eine interessante Frage, über die in Fachzeitschriften und Büchern auch viel diskutiert wird (zum Beispiel Huppertz 2009, Weber 2009 u. 2010) und der wir uns am Schluss dieses Buches auch noch widmen wollen. Die Frage spitzt sich sogar noch zu, wenn ich ergänze, was oben auch schon angedeutet wurde: Achtsamkeit braucht es auch für Lebenskunst, ja wirklichen Lebens*genuss*. Willigis Jäger schreibt im erwähnten Zusammenhang auch, Achtsamkeit brauche es, um »jeden Augenblick unseres Lebens zu erleben und unser Leben somit voll auszuschöpfen« (Jäger 2010, S. 47). Das Leben voll ausschöpfen: Hier wird die Verbindung zum »*Lebens-Genuss*« deutlich hergestellt (vgl. auch Huppertz 2009, S. 109 ff). Nach meinen vorausgehenden Ausführungen ist dies unmittelbar nachzuvollziehen: So wie ich durch Achtsamkeit unnötige Konflikte mit dem Partner vermeiden kann, wie wir dadurch der Liebe im Alltag wieder Raum schaffen und unsere Verbindung zueinander wieder erneuern und vertiefen, so kann ich auch durch Achtsamkeit in anderen Bereichen für eine bessere Lebensqualität sorgen: Ich kann beispielsweise dadurch wieder lernen, den Bissen Essen im Mund und den Schluck Wein auf der Zunge wirklich zu spüren und zu genießen, wenn ich im Augenblick hier und jetzt ganz »dabei« bin, und nicht mit meinen Gedanken in der Vergangenheit hänge oder mich schon mit der Zukunft beschäftige und gar nicht mehr merke, wie das schmeckt, was ich im Mund habe. Ähnliches lässt sich vom Erleben der Natur sagen: Das Licht der aufgehenden Sonne, die sanfte Kühle des Morgens auf meiner Haut, die wundersame Schönheit einer Rosenknospe, die sich gerade öffnet usw. Auch jede kleine Begegnung des Alltags auch mit einem ganz unbekannten Menschen kann durch Achtsamkeit eine Quelle von Beglückung werden: Wenn ich den Charme eines aufblühenden jungen Mädchens bemerke, wenn ich mit einem ganz unbekannten Menschen ein paar nette, humorvolle Worte tausche usw. Achtsamkeit und Lebensgenuss im umfassendsten Sinn gehören also auch unmittelbar zueinander! Und gleichzeitig soll Achtsamkeit »das Herz aller spirituellen Wege« sein?

Um es gleich vorweg zu nehmen: Es handelt sich hier trotzdem *nicht* um zwei verschiedene Bedeutungen von Achtsamkeit! Es geht um dieselbe Haltung und dieselbe Übung! Allerdings zeigt sich darin ein Verständnis von Religion und Spiritualität, das für viele Menschen in unseren Breiten etwas Neues und Ungewohntes ist. Die Religion, in der wir erzogen wurden (wenn man von einer solchen Erziehung überhaupt noch reden kann), kam »von außen«: Gebete, die man uns beigebracht hat und die wir sprechen sollten, Gebote, die vorgeschrieben waren und an die man sich zu halten hatte, Gottesdienste, die wir besuchen und mitfeiern mussten: Formen wurden uns vorgegeben, die »nachzuvollziehen« waren. Aber wirklich nach-*vollziehen* konnte man die oft gar nicht, weil häufig nicht zu verstehen war, um was es da eigentlich ging. So wurden Religion und Spiritualität meist leere Hüllen, die auch, je mehr die Kirchen an moralisch verpflichtender Kraft verloren und verlieren, immer häufiger ganz abgestoßen wurden und immer noch werden.

Die *östliche Spiritualität* setzt dagegen anders an: Es geht hier um *innere Erfahrung*, um die ganz persönliche, individuelle religiöse Erfahrung jedes Einzelnen. Auch hier gibt es viele äußere Formen und Formeln. Aber sie alle sollen, indem sie vollzogen werden, helfen, den Weg der eigenen inneren Erfahrung zu öffnen. Und dabei ist – so sagen alle spirituellen Lehrer – die eigentliche, die hauptsächliche Übung die Übung der Achtsamkeit, und zwar genau die, die auch hier in diesem Buch beschrieben worden ist. Aber inwiefern hat die dann auch etwas mit »spirituell« und »religiös« zu tun?

Wenn wir Achtsamkeit üben, üben wir uns darin wahrzunehmen, was hier und jetzt *ist*, nicht was wir *möchten* oder *nicht möchten*, dass es ist. Und das betrifft *alle Bereiche des Seins*, die unmittelbar zugänglichen, wie meinen Körper, meine Gefühle, meine Gedanken, mein Gegenüber, meinen Partner, wie auch die »tiefer liegenden« Schichten des Seins. Wer sich in dieser Übung der Achtsamkeit der Realität, das heißt dem, was gerade im Moment hier und jetzt ist, konsequent aussetzt, so die Erfahrung vieler, dem öffnen sich auch diese »tieferen Schichten« des Seins. Denn – wie Friedrich Nietzsche dichtete – »die Welt ist tief, und tiefer als der Tag gedacht« (Colli 1988). Dieses »Tiefer« zu erfahren gelingt vielen Menschen in der *Praxis der »gegenstandslosen« Meditation*, wie sie seit jeher im Osten und neuerdings auch im Westen immer häufiger praktiziert wird.

Diese Meditation ist nichts anderes als konsequentes und ausschließliches Üben der »Achtsamkeit« in jedem Moment innerhalb einer zusammenhängenden stillen Zeit einmal oder mehrmals am Tag. Das führt in die »Tiefe« oder auch in die »offene Weite« des Seins, die wir im Westen auch Transzendenz, das uns »Übersteigende«, alles Umfassende nennen, oder auch »personal« mit »Gott« bezeichnen, während die östliche Spiritualität hier nicht personale Begriffe verwendet.

Es gibt in dieser Erfahrung kein »Oben« Gottes und kein »Unten« des Menschen mehr, sondern nur die *eine* Wirklichkeit, die ich oberflächlicher, aber auch tiefer betrachten und erfahren kann. Von dieser ganzen Wirklichkeit bin ich ein Teil, so wie eine kleine Welle ein kleiner Teil im großen Meer, oder eine einzelne Melodie »Teil einer großen Symphonie« (Willigis Jäger) ist. Dies wird in der Achtsamkeitsübung der spirituellen Praxis erfahren, oder ich nähere mich ahnungsweise dieser Erfahrung an: nämlich, dass ich nicht getrennt bin vom »Ganzen« der Wirklichkeit, dass ich ein Teil dieses Ganzen bin, das in den westlichen Religionen auch »Gott« genannt wird.

In der Achtsamkeitsübung *im gewöhnlichen Alltag*, von der wir in diesem Buch gesprochen haben, in der es mir darum geht, »wirklichkeits-gerecht« auf das, was mir von anderen entgegenkommt, zu reagieren, mache ich mir das gewöhnlich nicht bewusst, in der »alltäglichen« Übung der Achtsamkeit öffne ich mich aber *auch* dieser Wirklichkeit, um ihr, wenn auch »nur« in einem Teilaspekt, angemessen zu begegnen. Mein Blick ist hier in erster Linie auf die unmittelbare Situation, mein Gegenüber, z. B. auf den Partner gerichtet. In der stillen Meditation hingegen und in jeder Achtsamkeitsübung »mit spiritueller Absicht« geht mein Blick sozusagen ausdrücklich auf das »Ganze« der Wirklichkeit, um es oder etwas davon zu erfahren oder zu ahnen.

Es geht also dabei um die größere »Weite darüber hinaus« oder – in einem anderen Bild – um die größere »Tiefe«. Es gibt aber dabei keinen Widerspruch zur »alltäglichen« Achtsamkeit. Gehe ich darum diesen Weg weiter und öffne mich immer konsequenter dem, was ist, öffnen sich mir auch die tieferen Dimensionen des Seins. Und umgekehrt: Alle spirituellen Lehrer sagen oder schreiben, dass auch die höchste und tiefste Erfahrung auf dem spirituellen Weg, die »Erleuchtung«, wieder zurückführt »auf den Marktplatz«, in den ganz gewöhnlichen Alltag, zum Leben hier und jetzt. Und zu dem gehören eben auch und unter anderem das Leben in Beziehungen, das Leben mit meinem Partner, meiner Familie und meinen Kindern.

So könnte man sagen: Wenn wir Achtsamkeit in den kleinen Dingen des Alltags üben, in den täglichen, wichtigen oder »unwichtigen« Begegnungen mit Partnern, Kindern, Kollegen usw. begeben wir uns zugleich, ob wir das beabsichtigen oder nicht, ob wir das im Blick haben oder nicht, ob wir die Achtsamkeit auch mit spiritueller Absicht üben oder nicht, auf einen Weg ins vollere »Sein«, in die umfassendere Wirklichkeit, von der ich ein Teil bin und von der du ein Teil bist, der einzelne genau so wie alle Menschen und unsere ganze Welt. Und das wird uns miteinander »in der Tiefe« verbinden und glücklicher machen, weil es uns ein erfüllteres Leben erschließt.

Literatur

Colli, Georgino/Montenari, Mazzino (1988): Friedrich Nietzsche. Sämtliche Werke, Bd. 4, S. 404

Anderssen-Reuster, Ulrike (Hg., 2007): Achtsamkeit in Psychotherapie und Psychosomatik. Stuttgart

Fuss, Holger (2008): Wach werden für das Hier und Jetzt. In: Ztschr. Psychologie heute, Heft 8, S. 26–29

Goleman, Daniel (2008): Emotionale Intelligenz. München

Gottman, John (1999): Lass uns einfach glücklich sein! Der Schlüssel zu einer harmonischen Partnerschaft, München

Greuter, Ulfried (2008): Achtsamkeit – das Mittel gegen den Alltagsstress. In: Ztschr. Psychologie heute, Heft 8, S. 21–25.

Huppertz, Michael (2009): Achtsamkeit. Befreiung zur Gegenwart. Achtsamkeit, Spiritualität und Vernunft in Psychotherapie und Lebenskunst. Paderborn

Jäger, Willigis/Zölls, Doris/Poraj, Alexander (2009): Zen im 20. Jahrhundert. Bielefeld

Jäger Willigis (2010): Ewige Weisheit. Das Geheimnis hinter allen spirituellen Wegen. München

Jaeggi, Eva (2005): Tritt einen Schritt zurück und du siehst mehr. Gelassen älter werden. Freiburg

Jacobi, Jolande (1982): Die Psychologie von C. G. Jung. Eine Einführung in das Gesamtwerk, Frankfurt a.M.

Jellouschek, Hans (2005): Die Paartherapie. Eine praktische Orientierungshilfe. Reihe: Psychotherapie konkret. Stuttgart

Jellouschek, Hans (2009a): Liebe auf Dauer. Was Partnerschaft lebendig hält. Freiburg

Jellouschek, Hans (2009b): Was die Liebe braucht. Antworten auf die wichtigsten Beziehungsfragen, Stuttgart

Jellouschek, Hans (2010): Achtsamkeitstherapie und Transaktionsanalyse – was haben sie miteinander zu tun? Lengerich, S. 35–42. Dazu

3 CD's und 1 DVD mit dem gleichen Titel, erschienen im Auditorium Netzwerk, Verlag für audiovisuelle Medien (Müllheim)
Kabat-Zinn, Jon (2007): Im Alltag Ruhe finden, Fischer TB
Kabat-Zinn, Jon (2009): Gesund durch Meditation. Das große Buch der Selbstheilung. Frankfurt a.M.
Kabat-Zinn, Jon/Kesper-Grossmann, Ulrike (2009): Die heilende Kraft der Achtsamkeit. Freiamt im Schwarzwald. Buch und 2 CDs
Kämmerer, Annette/Kapp, Friedrich (2002): Emotionale Stiefkinder therapeutischen Handelns: Zum Beispiel Vergebung. In: Ztschr. Psychotherapie im Dialog, S. 184–187
Moeller, Michael Lukas: Die Wahrheit beginnt zu zweit. Das Paar im Gespräch, Rowohlt Taschenbuch
Schneider, Johann (1997): Dreistufenmodell transaktionsanalytischer Beratung und Therapie von Bedürfnissen und Gefühlen. In: ZTA 14. Jg., Heft 1 u. 2, S. 66–83, Paderborn
Stuart, Ian/Joines, Vann (1990): Die Transaktionsanalyse. Eine neue Einführung in die TA (Freiburg)
Thomann, Christoph/Schulz von Thun, Friedemann (1998): Klärungshilfe. Handbuch für Therapeuten, Gesprächshelfer und Moderatoren in schwierigen Situationen. Hamburg
Weber, Akincano M. (2009): Achtsamkeit – ein Begriff zwischen den Welten. Teil Eins – Zur Psychologie buddhistischer Geistesgegenwart. In: Ztschr. Transpersonale Psychologie und Psychotherapie, Jg. 15, Heft 2, S. 71–82
Ders. (2010): Achtsamkeit – ein Begriff zwischen den Welten. Teil Zwei – Buddhistische Geistesgegenwart in therapeutischer Praxis, Jg. 16, Heft 1, S. 61–73
Weiss, Halko u. a. (2010): Das Achtsamkeits-Buch. Stuttgart